Die Qualität eines Augenblicks hängt vom Blickwinkel ab. Wir zeigen dir Aussichten, für die sich der Anstieg lohnt, und verraten, wo du die besten Ansichten Deutschlands erlebst.

Legende

Deine Augenblicke

1

Helgoland
Hochseeinsel oder doch nicht? Die Tagestouristen genießen jedenfalls gewisse Steuerfreiheiten. Wirklich auf ihre Kosten kommen Ornithologen auf der 4,2 km² kleinen Insel in der Deutschen Bucht. **Seite 50**

Ahndel – Westerhever Leuchtturm

Der Leuchtturm Westerheversand ist das Wahrzeichen der Halbinsel Eiderstedt und weite darüber hinaus sichtbar. **Seite 56**

Stohler Steilküste

Die Ganzjahres-Wanderung kann nur der Wind verhindern. Er hat die Küste gemeinsam mit dem Wasser geformt. **Seite 62**

Halbinsel Graswarder

Die Gezeiten und der Wind formen das Land, das einst eine Insel war. Die prächtigen Strandvillen bringt die Veränderung in Bedrängnis. **Seite 68**

Nienhagener Gespensterwald

Wer ein Schlechtwettermotiv sucht wird hier fündig. Erst bei wenig Licht entfaltet der Wald seine volle mystische Wirkung. **Seite 74**

Deine Augenblicke

6

Hiddensee
Unterwegs auf Rügens schöner Schwester. **Seite 82**

7

Rügen
Seebäder, Kurhäuser, Sandstrände und weiße Kreidefelsen bilden die traumhafte Ostsee-Kulisse. **Seite 88**

10

Berlin
Die Stadttour führt zu dem Teil der Stadt, die sich die Natur wieder zurückerobert. **Seite 106**

11

Potsdam
Durch Parkanlagen vorbei an Schlössern und zu einem Holländerviertel. **Seite 112**

Rund um den Feisnecksee
Zu einem der vermutlich 1.000 Seen der Mecklenburgischen Seenplatte. **Seite 94**

Im Briesetal
Eine wunderbare Moorlandschaft wartet hier versteckt im Wald. **Seite 100**

Bad Saarow – Storkow
Im seenreichsten Bundesland führt der 66-Seen-Wanderweg rund um Berlin. **Seite 118**

Obervogelgesang – Bärensteine
Ein idealer „Touren-Einstieg" für Groß und Klein. Oberhalb der Elbe geht's taleinwärts zu einem berühmten Berg. **Seite 126**

Deine Augenblicke

14

Lichtenhainer Wasserfall – Winterberg – Schmilka
Folgen wir dem „Fremdenweg", auf dem die ersten Besucher schon um 1790 kamen.
Seite 132

Königstein – Pfaffenstein – Barbarine

Ein Felszacken, den man gesehen haben muss –
ein Schnippchen, das der Schwerkraft geschlagen wurde
und ein steinernes Symbol der ganzen Region! **Seite 140**

Bodetal – Treseburg

Die faszinierende Wanderung durch das Bodetal, eine der
bedeutendsten deutschen Schluchten außerhalb der Alpen,
verbinden wir mit dem Besuch des Rosstrappenfelsens.
Seite 146

Brocken über Eckerlochstieg

Diese recht steile, aber wunderbar naturbelassene Route
auf den höchsten Berg im Harz legt das Schnüren fester
Wanderschuhe nahe. **Seite 152**

Goslar – Okertal – Rammelsberg

Diese Wanderung verläuft von der Weltkulturerbestadt Goslar
am Harznordrand auf dem Europäischen Weitwanderweg E6
durch das imposante Okertal. **Seite 158**

Deine Augenblicke

19

Halde Haniel
Die Halde bei Bottrop zählt mit ihren 159 Metern zu einer der höchsten. **Seite 164**

20

Wetter – Witten
Die Ruhr begrenzt nach Westen und Süden das Ardeygebirge. Offenbar ein guter Ort für Denkmäler, Türme und große Bauten. **Seite 170**

23

Kaisersesch – Cochem
Diese Wanderung zur Mosel führt ebenfalls zu einer großartigen Burg, die noch dazu auf einem Weinberg thront. **Seite 188**

24

Königstein – Falkenstein
Impressionistische Sonnenuntergänge mit Logenplätze erwarten einem in Taunus mit perfekten Blick auf Frankfurt. **Seite 194**

Wehebachtalsperre – Meroder Wald – Schevenhütte

Im 12. Jahrhundert entstand das Wanderziel, neben dem im Herbst die Wiesen golden leuchten. **Seite 176**

Monschau – Perlenbachtalsperre

Zwischen 1953 und 1955 wurde sie erbaut, die Perlenbachsperre, die ihren Namen nicht von ungefähr trägt: ab 1435 stand die Perlenfischerei im Perlenbach der örtlichen Obrigkeit zu. **Seite 182**

Rotenfels

Die größte Steilwand zwischen den Alpen und Skandinavien. **Seite 200**

Auf den Hummerstein

Die Fränkische Schweiz ist wohl eine der bekanntesten „Schweizen" Deutschlands. Und das vollkommen zurecht mit ihren Burgen, Felsformationen und Ruinen. **Seite 206**

27

Großer Arber – Kleiner Arber

Der höchste Gipfel des Bayerischen Waldes überragt die Waldgrenze als einziger Berg der Region. Für das Gipfelplateu bedeutet das eine herrliche Aussicht. **Seite 212**

Steinklamm im Bayerischen Wald

Eine Klamm voll mit moosbewachsenen Steinen die aus dem Wasser ragen, das sich hier den Weg gebahnt und den Fels geformt hat. **Seite 220**

Sand – Mehliskopf – Herrenwies

Bergblick, Bob und Bungy – das ist das Motto auf dem touristisch ausgebauten Mehliskopf im Nordschwarzwald.
Seite 226

Stübenwasen

Der waldfreie Stübenwasen gehört zu den höchsten Schwarzwaldgipfeln und seine Hochflächen sind im Sommer ein beliebtes Wander- und im Winter ein viel besuchtes Skigebiet. **Seite 232**

Deine Augenblicke

31

Feldberg

Der „Höchste", wie der Feldberggipfel auch oft genannt wird, ist ein touristisch außergewöhnlich stark erschlossenes Ausflugsziel. **Seite 238**

32

Bodensee – Hagnau

Zwischen Burgen und Weinreben wandert man gemütlich - bis der See zum Baden einlädt. **Seite 244**

34

Im Nymphenburger Schlosspark

Auch rund um das ab 1664 erbaute „Lusthauß Nymphenburg" erstreckt sich ein wunderbarer Landschaftspark. **Seite 256**

35

Sankt Coloman

Im Verlauf dieser Wanderung erfährt man, wann und warum der Uuirmseo zum Starnberger See upgegradet wurde. **Seite 262**

33

Zu den Scheidegger Wasserfällen
Eine wunderschöne und „wasserreiche" Rundwanderung ganz im Westen des Allgäus.
Seite 250

36

Kochel – Schlehdorf

Auf dieser schönen Seewanderung gibt es gleich mehrere Glanzlichter.
Seite 268

Durch das Reintal auf die Zugspitze
Länger geht's nimmer: Die Zugspitze „by fair means", von ganz unten bis ganz oben. **Seite 274**

Tüttensee
Gut versteckt im Wald liegt er nicht unweit des Bayerischen Meeres – der Tüttensee bei Grabenstätt. **Seite 282**

Hochfelln
Er ist vermutlich als Aussichtsberg direkt vor dem Chiemsee errichtet worden. So schön ist der Panoramablick von hier oben. **Seite 288**

Zum Watzmannhaus
Oberhalb vom Königsee findet man eine der bekanntesten Familien der Region. Wer genau hinschaut wird neben dem Watzman seine Frau und dazwischen ihre Kinder erkennen. **Seite 294**

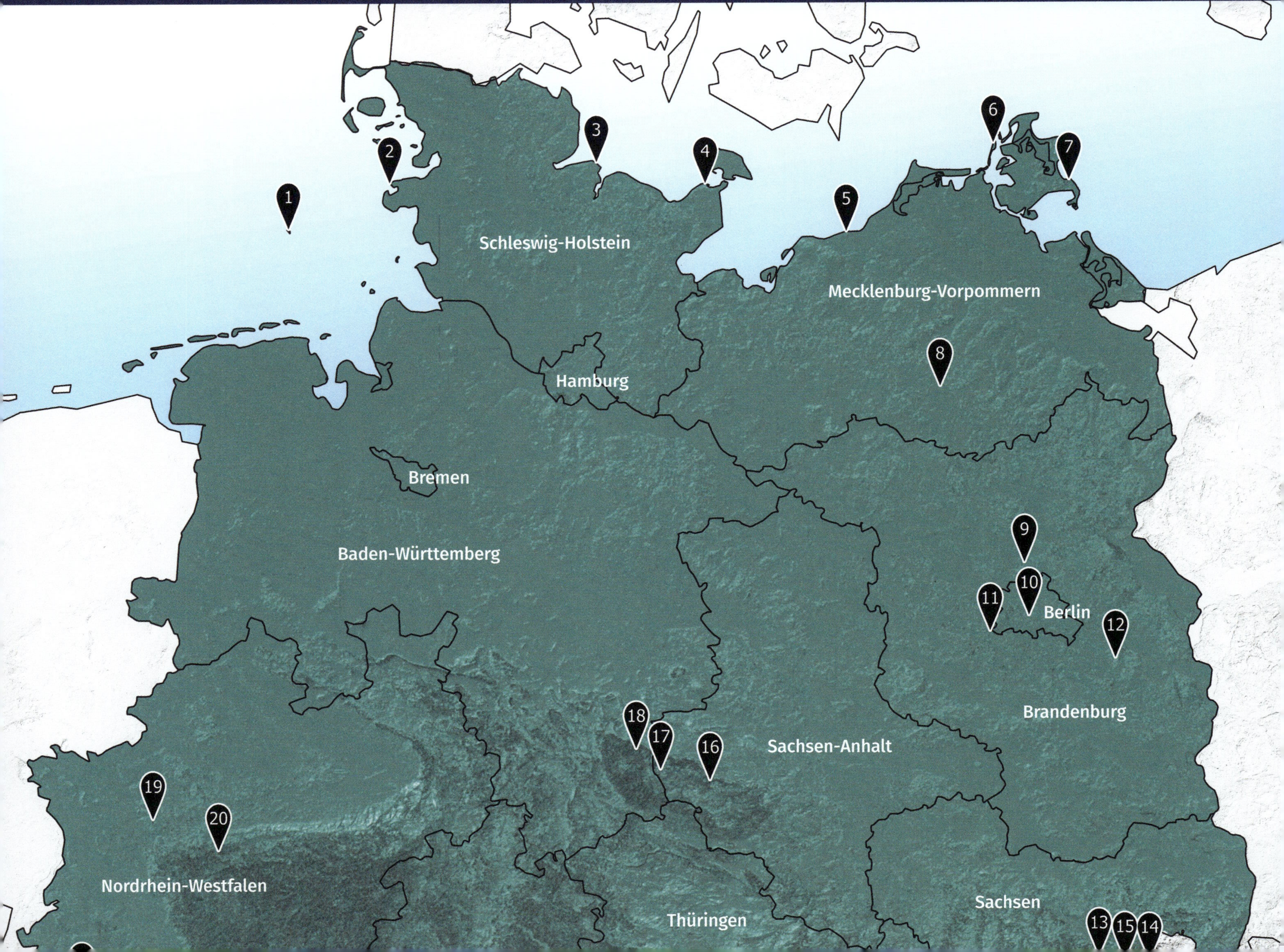

Schleswig-Holstein
Hamburg
Mecklenburg-Vorpommern
Bremen
Baden-Württemberg
Berlin
Brandenburg
Sachsen-Anhalt
Nordrhein-Westfalen
Thüringen
Sachsen
1
2
3
4
5
6
7
8
9
10
11
12
13
14
15
16
17
18
19
20

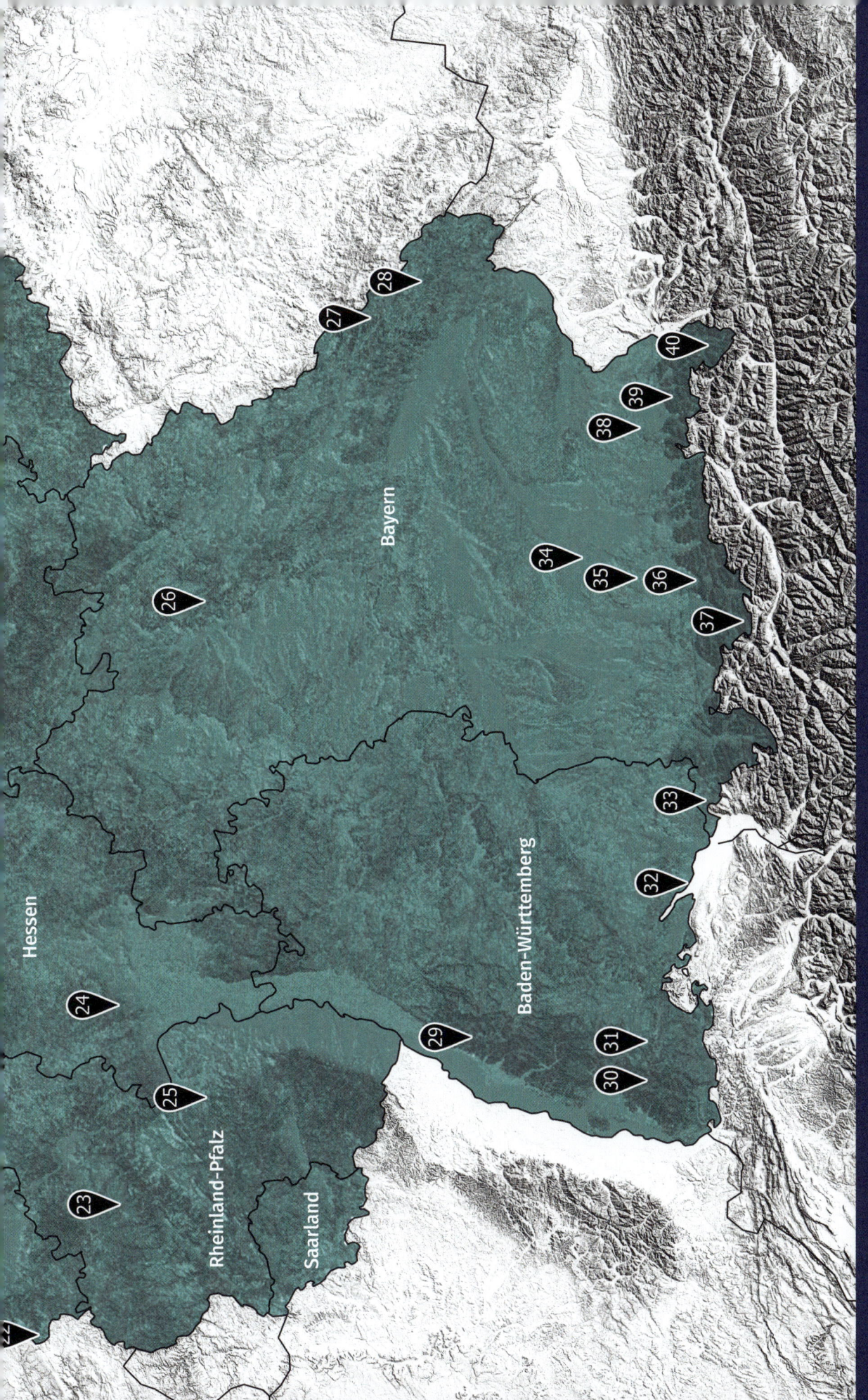

DEUTSCHLAND

Von der Ostsee bis zur Zugspitze:
40 Touren, so prachtvoll wie das Land.

Schönau
a.Königssee
(630)

Grünsteinst.
Mühlleiten
Schusterstein
Maler berg

Hasenbrunnen
Arten-
reit
Hohenwart
P
10
20
Königs-
see
Margarethenhof
Vorderbrar

Grünstein
1306
Grünsteinhtt.
1220
E10
Glaser
Holz
Koppen-
stein
Kreßgraben
Brandkop
1156

Schapbachriedel
Weiße Wand
Klingeralm
01
Hofreit
Jodler
Öd
Dörfl
Brandtner-
hof
Hochbahn
Neuhausen
Kraulkasergrabe

1329
Klingerbach
Bob- und Rodelbahn
P
Villa Beust
Vogelhtt.
Densthtt.

Schapbachalm
1040
Schapbach
Schap-
bach-
boden
Skihütte
Christlieger
Maler-
winkel
Rabenwand
Hochbahn
Vogelhütt.
Wasserfa

Densthtt.
Mitterkaser
Mitterkaseralm
Sommerbichel
1293
604
Ronneralm
(verf.)
Strubkopf
1271
Strubalm

Kohlschlag
Herrenroint
Densthtt.
Kreuzelwand
Königsbach
Kleine Reibn

Falzalm
Nationalpark-INFO
Falkensteinalm
(verf.)
Brentenwand
Büchsenkopf
Büchsenalm
1247
Densthtt.
Holzstub

Kederbichel
Kühroinhütte
1420
-190
Im Echo
König
1240

a   l   p   a   r   k
Archenkopf
Wasserpalfen
Sillenköpfe

Mooslahnerkopf
1815
Aussichtspunkt
Archenkanzel
Archenwand
Kesselwand
Kesselbach

Kl. Watzmann
2307
(Variante)
Kessel
(603)
Priesbergalm
1460
Gotzentalalm
1110

Watzmannscharte
Lablkopf
2015
247
Eiswinkel
E10
g
10
Seeaukopf
1505
Abwärtsgraben
Unt. Hirschenlauf

Palfenlahner
Ostwandlager
(Nächtigung nur für
Ostwandbesteiger!)
618
Seeaualm
(verf.)
Mittl. Hirschenlauf

Eisgraben
St. Bartholomä
St. Bartholomä
Gotzenstein
1613
Bärenkopf
1710
1858
Gotzentauern

St. Johann und Paul
Nationalpark-INFO
(keine Nächtigung!)
-57
Im Reitl
Aussichtspunkt
Feuerpalfen
1741
Warteck
Gotzenalm
1685
Klausbergl
1718

s   g   a   d   e   n
Burgstallgraben
Reitlgraben
Fallangr.
Bärengrube

Burgstallstein
1260
10
Brandgr.
1704
1717
Gotzenberg
Rosengrube

1837
Burgstallalm
-104
Nur für
Geübte!
Klausbergl
1930

Kartenlegende

Kartografie

— Tourenweg

— Weg　------ Pfad　········ Steig

⊙ 01　Wegpunkt der Tour

📷⟲　Fotostandort und Blickrichtung

🔒　Gesicherter Wegabschnitt

🪜　Klettersteig

885 †　Höhenpunkt – Gipfelkreuz

⌐　Wasserfall – Quelle

🏰⌂⛪　Burg, Schloss – Ruine – Kirche

✚　Krankenhaus, Notarztstation

⌂　Hotel, Gasthof, Restaurant

⌂　Berggasthof, Schutzhütte (ganzjährig)
⌂　Berggasthof, Schutzhütte (Sommer)

⌂　Almwirtschaft, Jausenstation, Imbiss

✳✳　Aussichtspunkt – Aussichtsturm

▬▬　Eisenbahn mit Bahnhof

▬▬　Standseilbahn – Materialseilbahn

▬●▬　Seilbahn – Gondelbahn

○—○　Sessellift – Schlepplift

P P₂　Parkplatz – Parkhaus – Park & Ride

▬▬▬　Mautstraße – Fahrverbot

▨　Höhenlinien (Äquidistanz 40 m)

⚓🚣　Hafen – Bootsverleih

⛵🏄　Segeln – Windsurfen – Kiten

⛺🏊　Campingplatz – Badeplatz

Maßstab - 1 : 50 000

0 km　　1　　2

Abweichende Maßstäbe sind bei den Karten angegeben.

Moderne Seilschaft

Es sind aufstrebende Fotografinnen und Fotografen, die dich gemeinsam mit versierten Wanderführer-Autoren an dein Ziel führen. Erfahrung und Tatendrang treffen sich mit der gemeinsamen Sehnsucht nach den beeindruckendsten Augenblicken in Deutschland.

Gregor Essi

Michael Corona

Gregor Essi liegt es, Inhalte zu vermitteln. Wenn er nicht mit der Kamera aufbricht und die schönsten Strände Deutschlands ablichtet, bringt er als Gymnasiallehrer in Hamburg seinen Schüler etwas bei. Vom klassischen Urlaubsfotografen wandelte sich das Blatt beim ersten Kontakt mit einer Spiegelreflexkamera zur Leidenschaft. Mit der Geburt seiner Tochter wollte

Erfahrung zählt, Leidenschaft besteht

er mit einer lichtstarken Kamera gerüstet sein. Seither nutzt er jede freie Minute, um sich mit der Fotografie zu beschäftigen. Anfangs noch mit einer Endlosschleife an Tutorials. Aktuell bezeichnet sich Gregor selbst als „leidenschaftlichen Hobbyfotografen". Eine Untertreibung, wie wir finden.

Michael Corona stammt aus dem Schwarzwald und ist Fotograf. Mitten in der Natur aufgewachsen, hat es ihn schon früh begeistert, seine „Draußen-Momente" in Bildern festzuhalten. Aus der anfänglichen Begeisterung wurden Leidenschaft und Profession. Ob auf dem Wasser mit dem Kanu, unterwegs im VW-Bus oder mit dem Zelt in den Bergen: Draußen zu sein und dabei unvergessliche Momente zu fotografieren – das erfüllt ihn mit Glück. Was es ihm ganz besonders angetan hat? „Hochalpines Gelände, nordische Länder sowie Nebelstimmungen im heimischen Schwarzwald!"

Sebastian Weingart wurde 1988 in Rodewisch (Vogtland) geboren und lebt heute in Dresden. Nach seinem Studium arbeitete er als Landschaftsarchitekt. Schon mit seiner ersten Kamera unternahm er Touren in die Sächsische Schweiz. Mit seinem inzwischen gut ausgestatteten Equipment ist er nicht nur ein gefragter Hochzeitsfotograf, sondern auch für den Freistaat Sachsen, die TU und die Stadt Dresden, den Tourismusverband Sächsische Schweiz oder dem Outdoor-Ausrüster Globetrotter unterwegs. „Meine aufregendsten Reisen? 2008 Venezuela, 2012 USA, 2016 China, Tibet und Vietnam."

Jeder Augenblick wird mit dem Highlight der Tour vorgestellt. Bei der Vorstellung steht neben dem Fotografen der jeweiligen Tour auch sein Kürzel unter dem man ihn auf Instagram findet, so zum Beispiel: @wunderwaldphoto

Weitere Fotos in diesem Buch stammen von Sabrina von Bein, Bernd Meissner, Jan Junghans, Nico Kaiser, Katrin Schmidt,

Sebastian Weingart

Thomas Kargl

Thomas Kargl ist bei KOMPASS für das Marketing zuständig und hat die Reihe „Dein Augenblick" gemeinsam mit Fabian Künzel, Roman Huber und Wolfgang Heitzmann auf die Beine gestellt. „Die Zusammenarbeit mit so begeisterten Kollegen hat mich dazu motiviert, selbst wieder mehr zu fotografieren." Sein Tipp: Schieß' Fotos in erster Linie für dich selbst. Momente, die man festhält, sind Momente, an die man sich öfter und intensiver erinnert – so sein Zugang zur Fotografie. Die Tourentexte sind in Zusammenarbeit mit vielen erfahrenen Wanderführern und Wanderführerinnen aus dem Hause KOMPASS entstanden. Thomas hat den Bildband noch um die Texte erweitert, die einem beim Wandern die Augen öffnen sollen. Mit viel Leidenschaft sind ihm dabei seine Kollegen als Geologen und Geografen zur Seite gestanden. Verantwortlich für die Bildrecherche und das Zusammenstellen der Seilschaft an Fotografen und Fotografinnen war Miriam Weber.

Isabel M., Fabian Pfitzinger, Eric Friese, Anne Köhler, Janis Wieczorek, Maren Hildebrand, Lisa Gehring, Annemarie Dunkel, Daniel Wirtz, Martin & Jonas Hübner, Tayisiya Yerygina, Marc Wesel, Johannes Nickel, Thomas Hennerbichler, Fabian Künzel (†), Mario Dobelmann, Anna-Maria Kurz, Daniel Meisen, Simeon Kraeft, Michael Perschl, Benjamin Troll, Max Reichenbach, Christoph Zeug, Dominik Schmidhuber, Tobias Nußmann und Katharina Wildenhof. Tourenbeschreibungen haben auch Lisa Aigner, Sylvia und Thilo Behla, Wolfgang Benz, Julia Bihar, Norbert Forsch, Monika Göbl, Siegfried Garnweidner, Elke Haan, Klaus und Falco J. Harnach, Eugen E. Hüsler, Christine Jacobi, Ines Klima, Raphaela Moczynski, Hans Naumann, Bernhard Pollmann, Christian Schneeweiß, Werner Sippel, Maria Strobl, Astrid Sturm, Walter Theil, Kay Tschersich, Jürgen Wachowski, Andrea Walder und Hans Jürgen Gorges beigesteuert. Ihnen allen herzlichen Dank!

Deine Verantwortung

KOMPASS will dir mit diesem Wanderführer die Schönheit und Einzigartigkeit der Natur vor Augen führen. Hierfür wurden ganz besondere Orte ausgewählt. Sie gewähren dir einen atemberaubenden Blick auf die einzigartige Komposition aus band versucht damit die landschaftliche Vielfalt widerzuspiegeln. Neues zu entdecken und abseits der Massen unterwegs zu sein ist für KOMPASS die eigentliche Vorstellung, wie man die Natur erleben kann. In unseren über 500 Wanderkarten findest

Einen Moment für die Ewigkeit festzuhalten ist nichts wert, wenn wir die Natur für die Ewigkeit zerstören.

natürlichen Strukturen und Elementen der jeweiligen Landschaft. Wir sehen die Natur nicht als einen lukrativen Freizeitpark, sondern als Rückzugsort für Menschen, Flora und Fauna. In diesem Sinne sollten wir gemeinsam darauf achten, Massenanstürme zu vermeiden. Die schönsten Momente erlebt man ohnehin außerhalb der Stoßzeiten. Wir stellen euch bekannte Highlights und unbekannte Orte Deutschlands vor. Der Bild- du dein individuelles Ziel und den Weg dorthin. Manchmal ist für das Auffinden der perfekten Perspektive ein Extraschritt auf schmalem Steig oder im schwierigen Gelände erforderlich. Gerade hier gilt es, sich eigenverantwortlich und respektvoll gegenüber der Natur und den Mitmenschen zu verhalten. Die Umwelt zu schützen und den eigenen Fußabdruck minimal zu halten ist Ehrensache.

Ehrensache

Respektiere die Berge, die Natur mit ihrer
Schönheit und die Gefahren.

Am Berg zählt das Miteinander. Gegenseitige Hilfe und
Gemeinschaft wiegen mehr als das perfekte Foto.

Versuche mit öffentlichen Verkehrsmitteln oder mit dem Fahrrad anzureisen.

Gehe kein Risiko ein. Du willst deine Geschichten
schließlich noch erzählen können.

Nimm mehr Müll mit, als du in die Natur bringst.
Beteilige dich am Schutz unserer Umwelt.

Hinterlasse keine Spuren. Das Ökosystem vieler Landschaften
ist fragil und sie erholt sich nur langsam.

„Plastik, Dosen und Papier,
sind den Bergen keine Zier.
Trägst du sie voller bis hierher,
trägst du sie heimwärts auch nicht schwer."

Fabian Künzel – der leidenschaftliche Fotograf verstarb vor der
Herausgabe dieses Bildbandes. Er ist ein wichtiger Teil unserer
Seilschaft und bleibt es mit seinen Bildern und Texten.

Deinen Augenblick festhalten

Die Tipps vom Profi: Fabian Künzel @fabian_kuenzel

Investiere in dich, bevor du in Ausrüstung investierst

Nicht die Kamera, sondern die Person mit der Kamera in der Hand macht das Foto. Ob das Bild also gelingt liegt nicht an der Kamera, sondern viel mehr an dir. Deshalb macht es gerade am Anfang Sinn mehr Zeit und Geld in dich und deine Fähigkeiten zu investieren, bevor man mehrere Tausend Euro in professionelles Kameraequipment steckt. Im Internet findet man zahlreiche kostenlose Videos, mit denen man sich die Grundlagen der Fotografie aneignen kann. Daneben gibt es für ein paar Euros auch Videoworkshops, die einem neben den Grundlagen der Fotografie auch Wissen zu speziellen Themen, wie zum Beispiel der Landschaftsfotografie vermitteln. Wer lieber abseits von Monitoren und mit viel Praxis lernen möchte, dem empfiehlt es sich einen Workshop bei einem Fotografen zu belegen. Diese sind zwar etwas teurer, aber man wendet das Gelernte direkt in der Praxis an und hat die Möglichkeit, direkt Fragen zu stellen. Es war wohl noch nie so leicht sich die Grundlagen der Fotografie anzueignen. Es liegt also nun an dir die für dich beste Methode zu finden. Ein paar Grundlagen und Anregungen deine Augenblicke bestmöglich festzuhalten möchten wir dir aber auch hier im Buch mit auf den Weg geben.

Mit Licht malen

Fotografie bedeutet „Malen mit Licht". Das Licht ist also das bestimmende Medium, mit dem wir arbeiten. Die schönsten Stimmungen zum Fotografieren hat man zum Sonnenaufgang und Sonnenuntergang. Ein oft zitiertes Sprichwort sagt „Zwischen elf und drei hat der Fotograf frei" und beschreibt die Situation eigentlich ganz gut. Die tief stehende Sonne zum Morgen und am Abend sorgt für eine angenehme Lichtstimmung und kann mit einem farbenfrohen Himmel für ganz spezielle Fotos sorgen. Auch die Dämmerung nach Sonnenuntergang oder vor Sonnenaufgang, oft als „Blaue Stunde" bezeichnet, eignet sich noch hervorragend, um stimmungsvolle Fotos zu machen. Sobald die Sonne untergegangen ist packen viele Fotografen schon zusammen und verpassen damit einige fantastische Momente. Um besonders schöne Fotos zu machen versuche also so häufig wie möglich zu Sonnenaufgang und Sonnenuntergang zu fotografieren. Gerade als Anfänger sollte man jedoch auch untertags fotografieren, denn je mehr man fotografiert, desto schneller wird man besser. Mittags lässt sich zum Beispiel auch wunderbar der Bildaufbau üben.

Ein Bildaufbau wie die alten Künstler

Der Bildaufbau, oftmals auch als Komposition bezeichnet, sorgt für einen harmonischen Gesamteindruck des Fotos. Dafür gibt es einige Regeln zu beachten, die nicht erst mit der Fotografie entstanden sind, sondern ihren Ursprung in der Malerei haben. Eine der bekanntesten Regeln ist die „Drittel Regel" oder auch der „Goldene Schnitt". Ein Bild lässt sich mit zwei vertikalen und zwei horizontalen Linien dritteln. Dadurch entstehen neun Rechtecke und vier Schnittpunkte. In den meisten Kameras lassen sich diese Linien (Gitter) zur Hilfe einblenden. Die Drittelregel besagt, dass der Horizont immer auf einer der Linien liegen sollte und wichtige Bildelemente am besten an den Schnittpunkten platziert werden. Dadurch entsteht ein harmonischer Bildaufbau. Natürlich kann diese Regel auch bewusst gebrochen werden, um ein ganz besonderes Foto zu kreieren. Aber zum Anfang sollte man versuchen, sich bewusst an die Regel zu halten.

Das Motiv in Szene setzen

Mit dem richtigen Bildaufbau und dem passenden Licht hast du jetzt bereits zwei Zutaten für ein gelungenes Foto. Was jetzt noch fehlt ist das Motiv. Bevor du den Auslöser drückst, vielleicht sogar bevor du zum Fotografieren aufbrichst, solltest du dir Gedanken machen, was du fotografieren möchtest. Hast du ein Motiv, das du ablichten möchtest? Gibt es eine spezielle Stimmung oder Emotion, die das Foto vermitteln soll? Sei dir im Klaren was du fotografieren möchtest und plane, wie du dies umsetzen möchtest. Mit einer durchdachten Planung schaffst du es nämlich häufiger zur richtigen Zeit am richtigen Ort zu sein. 40 Ideen für den richtigen Ort und das passende Motiv findest du in diesem Buch ja bereits. Hilfreiche Tools um die richtige Zeit herauszufinden sind Apps wie PhotoPills oder Sun Surveyor. Diese zeigen einem den Sonnenstand zu jedem beliebigen Datum an jedem beliebigen Ort an. Damit lässt sich zum Beispiel herausfinden ob sich eine Location eher zum Sonnenuntergang oder Sonnenaufgang eignet. Wenn du zum Beispiel ein Alpenglühen auf einem bestimmten Berg fotografieren möchtest, dann sollte die Sonne direkt hinter dir bzw. gegenüber dem Gipfel auf- oder untergehen. So wichtig die Planung und Vorbereitung ist solltest du trotzdem immer wieder spontan und ohne Plan raus zum Fotografieren. Dies fördert deine Kreativität und schult dein Auge, um neue Motive in der Natur zu entdecken.

In dem Infokasten „Dein Moment für die Ewigkeit" findest du im gesamten Buch immer wieder weitere Tipps und Tricks für spannende Bilder. Das Kamera-Symbol auf der Karte zeigt dir den Aufnahmestandort und die Blickrichtung.

Das Equipment

Die Ausrüstung wird allgemein viel zu sehr überschätzt. Wie bereits anfangs erwähnt ist die Person hinter der Kamera viel wichtiger für ein gelungenes Foto. Trotzdem möchten wir dir hier einige Tipps zur Ausrüstung mitgeben. Im Prinzip kann man mit den Kameras von modernen Smartphones bereits beeindruckende Ergebnisse erzielen. Da das Handy auf einer Wanderung immer dabei sein sollte, hat man damit auch kein zusätzliches Gepäck.

Wer sich aber tiefer mit der Fotografie beschäftigen möchte, kommt früher oder später nicht um eine digitale Kamera herum. Seit einigen Jahren machen die spiegellosen Systemkameras den digitalen Spiegelreflexkameras ordentlich Konkurrenz und werden diese in Zukunft wohl ablösen. Die spiegellosen Systemkameras sind um einiges leichter und kompakter als die Modelle mit Spiegel und eignen sich daher auch besser für Wandertouren in den Bergen. Wer sich jetzt mit einem Kamerakauf beschäftigt, sollte sich definitiv mit Systemkameras vertraut machen. Für welche Marke oder welches Modell man sich letztendlich entscheidet, spielt gerade am Anfang keine große Rolle bzw. beruht auf persönlichen Präferenzen. Alle modernen Kameras von namhaften Herstellern bieten eine hervorragende Leistung. Wer sich ausführlich damit beschäftigen möchte, findet auch dazu im Internet eine Fülle an Informationen. Generell lässt sich sagen, dass die Objektive für die Bildqualität auch wichtiger sind als die Kamera. Sprich die Kombination aus günstiger Kamera und teurem Objektiv wird wahrscheinlich das bessere Ergebnis erzielen als eine teure Kamera mit einem günstigen Objektiv. Deshalb möchten wir hier auch etwas genauer darauf eingehen. Es gibt im Prinzip zwei Arten von Objektiven: Zoomobjektive und Festbrennweiten. Mit Festbrennweiten kannst du nicht zoomen. Sie haben, wie der Name sagt, eine feste Brennweite. Bei Zoomobjektiven kannst du die Brennweite verändern, also den Bildausschnitt durch Zoomen entweder verkleinern oder vergrößern. Dabei gibt verschiedene Varianten von Zoomobjektiven. Das Weitwinkelzoom hat ungefähr eine Brennweite von 16–35 mm. Beim Standardzoom reicht die Brennweite von ca. 24 bis 70 mm. Das Telezoom bietet Brennweiten von über 70 mm. Dann gibt es

noch sogenannte Reisezooms, die einen Brennweitenbereich vom Weitwinkel (24 mm) bis zum Tele (200 mm) abdecken. Prinzipiell kann man sagen, je größer der Brennweitenbereich ist, desto schlechter ist die Bildqualität. Festbrennweiten haben damit meist die bessere Bildqualität gegenüber einem Zoomobjektiv. Festbrennweiten zeichnen sich außerdem mit einer offenen Blende aus (ausgedrückt durch eine niedrige F-Zahl wie f1.8). Dies ermöglicht einem auch bei wenig Licht (zum Beispiel in der „Blauen Stunde") noch tolle Bilder zu machen. Für einen Anfänger empfiehlt sich der Kauf eines Standardzoomobjektivs zusammen mit einer Festbrennweite. Eine beliebte und günstig erhältliche Festbrennweite ist zum Beispiel ein 50 mm f1.8 Objektiv. Mit dieser Kombination ist man für die meisten Situationen gerüstet. Außerdem stellt man schnell fest ob man häufiger im Weitwinkel fotografiert oder eher im Telebereich und kann dann entsprechend nachrüsten. Neben der Kamera und dem Objektiv solltest du noch in Ersatzakkus und ausreichend Speicherkarten investieren. Wenn du häufig zu Sonnenauf- oder -untergang unterwegs bist, lohnt sich auch der Kauf einer guten Stirnlampe, damit du auch in der Dämmerung sicher unterwegs bist. Ob sich für dich der Kauf eines Stativs lohnt hängt ganz von deiner Art zu fotografieren ab. Für den Anfang ist es sicherlich noch nicht notwendig.

Moderne Dunkelkammer am Computer

Du weißt jetzt also wie man coole Fotos macht und auf was es bei der Ausrüstung ankommt. Wenn du denkst damit sei alles erledigt, dann täuschst du dich gewaltig. Denn was früher die Filmentwicklung in der Dunkelkammer war, ist heute die Bildbearbeitung am Rechner. Sie hat einen großen Einfluss auf das Gesamtbild deines Fotos und ermöglicht es dir, einen eigenen Bildlook zu entwickeln. Um deine Fotos am Rechner optimal zu bearbeiten musst du deine Kamera so einstellen, dass sie im RAW-Format fotografiert. Diese Dateien enthalten mehr Bildinformation als das übliche JPEG-Dateiformat. Um diese RAW-Fotos anzuschauen und zu bearbeiten brauchst du dann noch eine entsprechende Software. Hier gibt es mittlerweile einige verschiedene Anbieter am Markt. Sie alle liefern vergleichbare Ergebnisse und es kommt mal wieder auf deine persönliche Präferenz an. Wer sich mit der Bildbearbeitung noch nicht auskennt und mehr lernen möchte, tut sich mit dem Branchenprimus Adobe Lightroom wohl am leichtesten. Hierzu findet man im Internet die meisten Tutorials und Workshops. An dieser Stelle können wir nicht detaillierter auf die Bildbearbeitung eingehen, doch möchten wir dir noch einen Tipp mit auf den Weg geben: Weniger ist mehr! Gerade am Anfang ist man begeistert welche Möglichkeiten einem die digitale Bildbearbeitung ermöglicht und ist versucht, diese bis

an ihre Grenzen auszureizen. Das sieht man den Fotos dann auch gerne an und das Ergebnis ist alles andere als ein natürlicher Bildlook. Denke daran, dass die Bildbearbeitung dir helfen kann aus einem guten Foto ein ausgezeichnetes Foto zu machen. Was sie nicht kann ist, aus einem schlechten Foto ein gutes Foto zu machen.

Deutschland

Landschaft, Geschichte, Infos

60 % der Deutschen gaben für das Jahr 2021 an, ihren Urlaub im Ausland verbringen zu wollen. Ob sie alle ihr eigenes Land schon kennen bleibt bei der Vielfalt zu bezweifeln. Schaut man sich Deutschland an, von Nord bis Süd, von der Küste über die Mittelgebirge bis zu den Steilflanken der Alpen, so entdeckt man einen unerwarteten Abwechslungsreichtum. Auf 357.386 km² Fläche gibt es ein Wanderwegenetz von rund 190.000 km. Die perfekte Voraussetzung, das Land zu Fuß kennenzulernen.

Die Deutschen waren schon immer reiselustig. In der Zeit der Romantik, als die Alpen und speziell die Schweiz das sehnsüchtige Ziel war, wurde man auch in Deutschland kreativ. So entstanden rund 100 deutsche „Schweizen". Für Regionen wo die Herleitung leicht fällt wie in der Sächsischen Schweiz, aber auch im flachen Norden, wo man als Schweizer den Kopf schüttelt bei dem Vergleich mit dem Alpenland. Mit 5,8 % Flächenanteil an den Alpen kommt man zwischen Bodensee und Königssee trotzdem auf seine Kosten, sofern man es gerne steil mag.

Um das Tausendfache mehr als Einwohner hat Deutschland Bäume. Knapp ein Drittel der Fläche der Bundesrepublik ist mit Wald bedeckt. Das findet sich auch in der Namensgebung wieder: Odenwald, Bayerischer Wald, Schwarzwald, Spreewald, Westerwald. 56 % des Waldes sind Nadelwald, allen voran Fichten und Kiefern.

Die deutsche Tierwelt steht was die Vielfalt anbelangt jener der Landschaft um nichts hinterher. Vor allem in der Nordsee, aber auch in der Ostsee kann man Wale und Delfine beobachten. Meistens sind sie nur auf der Durchreise. Anders der kleinste Wal, der Schweinswal. Er ist hier heimisch. Der Wolf, der in Deutschland lange als ausgerottet galt, ist vermehrt im Osten wieder heimisch. Er polarisiert ebenso wie der Bär, der es noch nicht geschafft hat dauerhaft zurückzukehren. Einst stark bejagt und nun wieder für Wanderer als Fotomotiv zu finden ist der Alpensteinbock.

> „Gedankenloses, zerstreutes Lesen ist geradeso wie Spazierengehen in schöner Landschaft mit verbundenen Augen."
>
> Hermann Hesse (1877–1962)

Mit seinen 83 Millionen Einwohnern ist Deutschland das bevölkerungsreichste Land der Europäischen Union. Die zum Teil dichte Besiedlung und intensive Nutzung der Natur haben das Land geprägt. Die Metropolregionen Rhein-Ruhr und Rhein-Main liegen auf der „Blauen Banane". Dem Band zwischen der Irischen See und dem Mittelmeer mit einer hohen Bevölkerungsdichte. Der Einfluss des Menschen auf das Aussehen Deutschlands ist unverkennbar: Der Tagebau mit gewaltigen Halden, Schutzdämme gegen Sturmfluten und eine ehemalige innerdeutsche Grenze, die zum Grünen Band wurde.

Mitverantwortlich für das Auskommen von Mensch, Flora und Fauna sind Naturschutzgebiete und Nationalparks. In Deutschland gibt es fast 9.000 Naturschutzgebiete. In Summe nehmen sie einen flächenmäßigen Anteil von ca 6,3 % ein. Mit weitem Abstand sind die Naturschutzgebiete an der Küste die größten davon und erstrecken sich vom Wattenmeer bis zur Pommerschen Bucht an der Grenze zu Polen. Im Inland ist das Ammergebirge das größte Naturschutzgebiet, gefolgt von der Lüneburger Heide und den Allgäuer Hochalpen. Die Foto- und Wandertouren in diesem Buch decken ein breites Spektrum dieser Vielfalt ab. Um es selbst zu erleben, muss man sich die Wanderschuhe anziehen.

Beständig bleibt
die Veränderung

Vielfalt, das beschreibt die Landschaftsformen zwischen Nordsee und den Alpen
wohl am besten. Zwischen dem Wattenmeer und den Alpen liegen Heidelandschaf-
ten, Seenplatten, Mittelgebirge und vor allem sehr viele Wälder. Der Norden sowie
der Süden sind vom langsamen aber beständigen Wirken der Gletscher geprägt
worden. Auch heute finden sich zwischen Watzmann und Zugspitze noch kleine
Gletscherreste. Wer sie mit eigenen Augen sehen will, sollte sich beeilen. Deutschland unterliegt einem ständigen Wandel. Manche Veränderungen ziehen sich über
Millionen von Jahren, wie etwa die Gebirgsbildung und Erosion. Andere gehen
wesentlich schneller wie die Umgestaltung der Landschaft durch den Menschen.
Dabei werden Kulturlandschaften geschaffen, aber auch Lebensräume zerstört. Das
Grüne Band, die ehemalige Innerdeutsche Grenze, zieht sich als positives Sinnbild
dafür mit 1.400km durch Deutschland und beheimatet 1.200 bedrohte Arten.

Amsterda
⊙

Paris
⊙

Norddeutsches
Tiefland

Hamburg

Berlin

Düsseldorf

Dresden

Prag

Bonn

Frankfurt

Deutscher
Mittelgebirgsraum

Luxemburg

Stuttgart

Linz

München

Alpenvorland

Salzburg

Zürich

35

Deutsche Alpen

Norddeutsches Tiefland

In der Gemeinde Neuendorf-Sachsenbande in Schleswig-Holstein liegt mit 3,54 unter NN der tiefste natürliche Punkt Deutschlands. Das Deutsche Tiefland ragt mit sogenannten Buchten immer wieder in das Mittelgebirge, von dem es im Süden begrenzt wird. Im Norden liegen mit der Nord- und der Ostsee zwei unterschiedliche Küsten. Das Wattenmeer an der Nordsee stellt eine weltweit einmalige Feuchtlandschaft dar. In seinen Ausmaßen ist es das größte und in die UNESCO-Welterbeliste eingetragen. Die Topografie im Deutschen Tiefland wurde von den aus Norden vorstoßenden skandinavischen Eisschild geprägt. Weite Schotterbänke zeugen genauso vom glazialen Einfluss wie die Seenplatten und Hügeln die als Moränen zurückblieben. Letztere werden in Alt- und Jungmoränen unterschieden. Nicht nur der Gletscher selbst und das abschmelzende Wasser transportierte Material über das Tiefland, auch der Wind verfrachtete Unmengen an feinem Löss, dem staubigen aber fruchtbaren Abrieb der Gletscher.

Brandenburg,
Norddeutsches Tiefland

Halbinsel Graswarder,
Norddeutsches Tiefland

Deutsche Küste

Strandkörbe, Ostseebäder, Sanddünen und Deiche sind typische Bilder, die einem zur deutschen Küste einfallen. Abseits der Stereotype unterscheidet sich die Küste der Nordsee stark von der Ostseeküste. Die Ostsee ist nur durch wenige Meerengen mit der Nordsee und so mit dem Atlantik verbunden. Das führt zu einem niedrigerem Salzgehalt und nur schwachen Gezeiten. Mit Rügen, Usedom und Fehmarn liegen hier die größten Inseln Deutschlands. Ob Nord- oder Ostseeküste, beide Seiten wurden von dem skandinavischen Gletschereis geprägt. An der deutschen Nordseeküste unterliegt die Landschaft einem beständigen Wandel. Hier geben die Gezeiten das Tempo vor. Gemeinsam mit Stürmen und dem Eintrag neuer Sedimente entsteht Land; dabei wird Material immer wieder an einer Stelle abgetragen und an anderer neu abgelagert. Die besiedelten Bereiche sind mit Deichen gegen die immer wiederkehrenden Sturmfluten geschützt. Anders ist das auf den Halligen. Hier heißt es öfter mal „Land unter". Die kleinen Inseln werden regelmäßig überschwemmt. Aus dem Wasser schauen dann nur noch wenige, zum Teil künstlich aufgeschüttete wenige Meter hohe Hügel, auf denen die Häuser und Höfe stehen. All jene die den Wind nutzen schätzen die deutsche Küste als Segel- und Surfrevier. Neben dem Naturerlebnis und den Sportmöglichkeiten bietet die Küste auch einen mondänen Aspekt mit den Seebädern, Kurhäusern und der Insel Sylt. Hier gibt es angeblich die höchste Sportwagendichte der Marke Porsche.

Deutscher Mittelgebirgsraum

Sie haben einiges gesehen und einiges erlebt – die Mittelgebirge Deutschlands haben einen deutlich älteren Ursprung im Vergleich zu den jüngeren Alpen. Nachdem die Gebirge wuchsen und wieder zu erodieren begannen, wurden sie seit der alpinen Gebirgsbildung noch mal neu geordnet. Der Druck und die Spannung aus dem Süden hoben die Gesteinsschichten erneut an oder ließen sie zerbrechen. Um eine atemberaubende Facette reicher komplementierte der Vulkanismus die Landschaft Deutschlands. Die meist kreisrunden Maare der Eifel sind Vulkankrater, die bis vor 11.000 Jahren immer wieder ausgebrochen sind. Die Mittelgebirge weisen eine Höhe von 300 bis knapp 1.500 Höhenmeter aus. Dabei ist der Feldberg im Schwarzwald mit seinen 1.493 Höhenmetern der höchste.

Der Schwarzwald und der Bayerische Wald sind flächenmäßig die bedeutendsten Mittelgebirge. Jedoch kommt kein Wetterbericht eines Sturmtiefs ohne einer Liveschaltung auf den Brocken und kein Bildband über Deutschland ohne Fotos der Sächsischen Schweiz aus.

Kochelsee,
Alpenvorland

Alpenvorland

Der Bodensee, Tegernsee, Starnberger See, Chiemsee und viele weitere Seen sind erfrischende Überbleibsel der Gletscher, die einst große Teile des Alpenvorlandes formten. Bis zu ihrem finalen Rückzug höhlten sie die Seebecken aus, transportierten Schutt, Findlinge und Moränen Richtung Norden und hinter- ließen beim Abschmelzen weite Moore, kuppige Landschaften und Schotterebenen. In Deutschland umfasst das Alpenvorland den Süden Baden-Württembergs und Bayerns. Im Norden wird es weitestgehend von der Donau begrenzt, ehe ältere Gebirge die Landschaftsgestaltung übernehmen.

München, die nördlichste Stadt Italiens

Für viele Münchner verkörpert diese Aussage das Lebensgefühl ihrer Stadt. Neben dem italienischen Flair gibt es den Englischen Garten, den Chinesischen Turm und eine Surfwelle, die viele in die Ferne träumen lassen. München zeigt, wie stark die Landschaft Deutschlands durch den Menschen geprägt und gestaltet ist. Dabei ist München die südlichste Metropolregion. Deutsch-

land ist mit einer Bevölkerungsdichte von 235 Einwohner pro km² doppelt so stark besiedelt wie der Durchschnitt der Europäischen Union. Aber Deutschland zeichnet sich auch durch seine Gegensätze aus. So weist Brandenburg, das Bundesland mit der zweitniedrigsten Besiedlungsdichte, ein höheres Wolfsvorkommen auf als Kanada, bezogen auf die Fläche.

Der Watzmann,
Deutsche Alpen

Deutsche Alpen

Ein 3.000er ist gerade keiner dabei, doch knapp darunter tummeln sich die Gipfel der Deutschen Alpen. Die höchsten Hauptgipfel sind die Zugspitze (2.962 m), der Hochwanner (2.744 m) und der Watzmann (2.713 m). Zu finden sind die höchsten deutschen Gebirgszüge in den Allgäuer Alpen, dem Wettersteingebirge und in den Berchtesgadener Alpen. Vom Bodensee bis an die Grenze nach Salzburg zieht sich das deutsche Alpenland. Hier am östlichen Ende ist mit dem Königssee und der Watzmann-Ostwand ein wahrer Klassiker des Alpi-

hat oder das Eisfeld doch zu klein ist, ist umstritten. Auf etwa 930 Metern findet man zwischen Watzmann und Königssee das tiefstgelegene ganzjährige Schneefeld – die Eiskapelle. Verwandt sind die Alpen mit den Pyrenäen, dem Kaukasus und dem Himalaya. Gebirge, die in der noch andauernden alpidischen Gebirgsbildung entstanden sind. Der Motor dieser Bewegungen sind Plattenverschiebungen. Wesentlich für das heutige Aussehen der Alpen sind Abtragungsprozesse in erster Linie durch den Vorstoß und das Abschmelzen der Gletscher

Dein Augenblick

Tourenbeschreibungen

1 Hochseefeeling

„Deutschlands einzige Hochseeinsel", so wird Helgoland gerne genannt. Ganz stimmen tut das zwar nicht, aber man genießt weitestgehend Sonderregelungen was Zoll und Steuern anbelangt. Mit einer gewaltigen Flut wurde die kleine Insel „Düne" von der Hauptinsel 1721 abgetrennt.

Bilder von: Bernd Meissner @bernimeissner

Helgoland-Klippenrandweg

Tourencharakter
Unschwere Wanderung auf gut markierten Wegen entlang der spektakulären Klippen – unbedingt an ein Fernglas denken!

Start und Ziel
Unterland, Restaurant Bunte Kuh, Ecke Invasorenpfad/Am Südstrand

Schwierigkeit: **leicht** - mittel - schwer
Dauer: **1:30 h**
Länge: **4,2 km**
Aufstieg **65 hm**
Abstieg **65 hm**

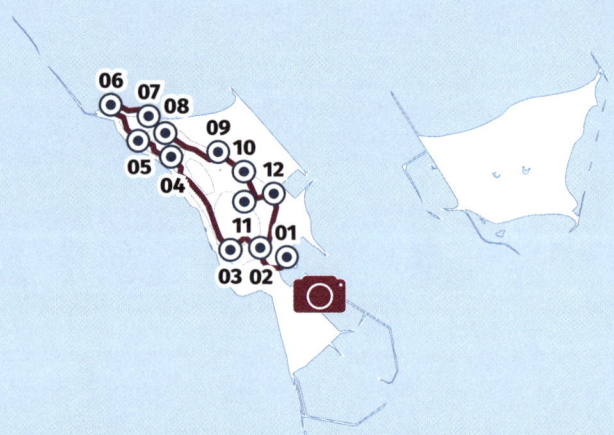

Höhenlinienmodell mit Streckenverlauf

Höhenprofil

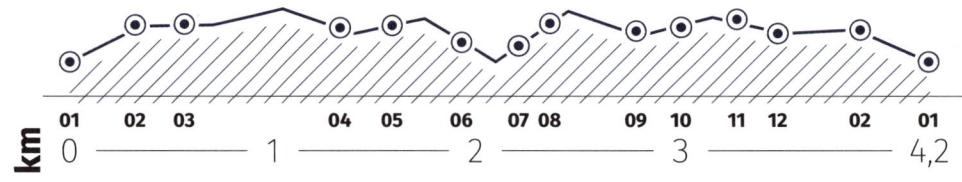

Deutschlands einzige Hochseeinsel liegt 70 km von der friesischen Küste entfernt in der Deutschen Bucht; die Hauptinsel ist etwa 1 km² groß, die Nebeninsel Düne etwas kleiner. Mit bis zu 62 m Höhe erheben sich die Helgoländer Sandsteinfelsen markant aus der Nordsee. Der Klippenrandweg ist mit vielen Bänken zum Ausruhen, Genießen und Beobachten ausgestattet. Zu sehen sind neben den imposanten Klippen vorbeifahrende Schiffe, sonnenbadende Seehunde und unzählige Seevögel, die in den steilen Klippen brüten.

▶ Wir starten im Unterland am Hafen ⬛ beim Restaurant Bunte Kuh 01 und steigen über den Weg „Invasorenpfad" und die Südtreppe hinauf zur ersten Aussichtsplattform am Berliner Bär 02. Wir halten uns links und folgen nun dem Klippenrandweg, der vorbei am 113 m hohen Sendemast zur Aussichtsplattform Südspitze 03 führt.

Der Klippenrandweg folgt in vielen Windungen der Topografie der Insel, führt vorbei am Leuchtturm und bietet schon bald erste Blicke auf den 47 m hohen freistehenden Felsen Lange Anna. Je näher wir der Langen Anna kommen, umso lauter wird das Geschrei der Basstölpel, die hier in den Klippen brüten.

Wir passieren das Gipfelkreuz des 61 m hohen Pinnebergs 04. Bald darauf erreichen wir die Lummenfelsen 05, wo die „heimlichen Stars" der Insel, die Trottellummen, dicht aneinandergedrängt in der Felswand brüten. Sie teilen sich die Klippen mit Möwen und Basstölpel. Vor allem Letztgenannte lassen sich gut beobachten, brüten sie doch in geringer Entfernung vom Weg auf der Klippe.

Das Wahrzeichen der Insel, die Lange Anna 06, ist fest in der Hand der (weißen) Basstölpel und der (schwarzen) Trottellummen. Die Nordspitze der Insel ist von fortschreitender Erosion bedroht, aus diesem Grund darf man auch nicht mehr die einstige Aussichtsplattform betreten. Von der Langen Anna geht es entlang der Nordspitze zum Beginn der Treppe 07, die einen Abstieg zum tief unten liegenden Nordstrand (Baden ist dort nicht erlaubt!) ermöglicht. Wenige Meter nach der Treppe ist rechts der kreisrunde Trichter 08 einer 5000-kg-Bombe zu sehen. Das Oberland ist übersät mit Trichtern, die an die Bombenangriffe auf Helgoland vor und nach dem Zweiten Weltkrieg erinnern.

Wir erreichen die ersten Gebäude der Kleingartenkolonie 09 und biegen an einer Weggabelung nach links ab und folgen dem Klippenrandweg durch die Kleingartenanlage, bis er auf die Norderstraße **10** trifft. Wir überqueren diese und gehen geradeaus auf der Lummenstraße vor zum Inselfriedhof. Dort lohnt sich die Besichtigung der Inselkirche St. Nicolai **11**. Die Lummenstraße mündet in die Kirchstraße ein, in die wir links abbiegen. An der T-Kreuzung rechts in die Straße „Am Falm" mit der Möglichkeit zu einem Abstecher zur Aussichtsplattform **12** mit Blick aufs Unterland. Die Straße „Am Falm" führt – vorbei am Aufzug – zurück zur ersten Aussichtsplattform **02**. Über die Südtreppe geht es bergab zum Ausgangspunkt **01**.

Dein Moment für die Ewigkeit

Bildkomposition

... das ist das A und O der Fotografie. Ein klassischer Trick ist einen leeren Diarahmen vor das Auge zu halten. Genau so ist Fotografieren – man muss selbst den Bildausschnitt festlegen. Das geschieht mit der Brennweite, dem Standort und natürlich der Perspektive.

2 Weite Leuchte

Bei klarer Sicht sieht man das Licht des Leuchtturms bis auf die Insel Helgoland. Das Wahrzeichen der Halbinsel Eiderstedt ist so repräsentativ, da musste es schon als Werbemotiv für eine niedersächsische Biermarke herhalten.

Bilder von: **Gregor Essi @greg.0.r**

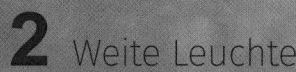

Ahndel – Westerhever Leuchtturm

Tourencharakter
Leichte, aussichtsreiche Küstenwanderung. Den Stockenstieg sollte man möglichst mit festem Schuhwerk begehen.

Start und Ziel
Deichparkplatz am Ende der Straße „Ahndelweg" in Westerhever bei der Tourist Information.

Schwierigkeit: **leicht** - mittel - schwer
Dauer: **3:30 h**
Länge: **15,1 km**
Aufstieg **5 hm**
Abstieg **5 hm**

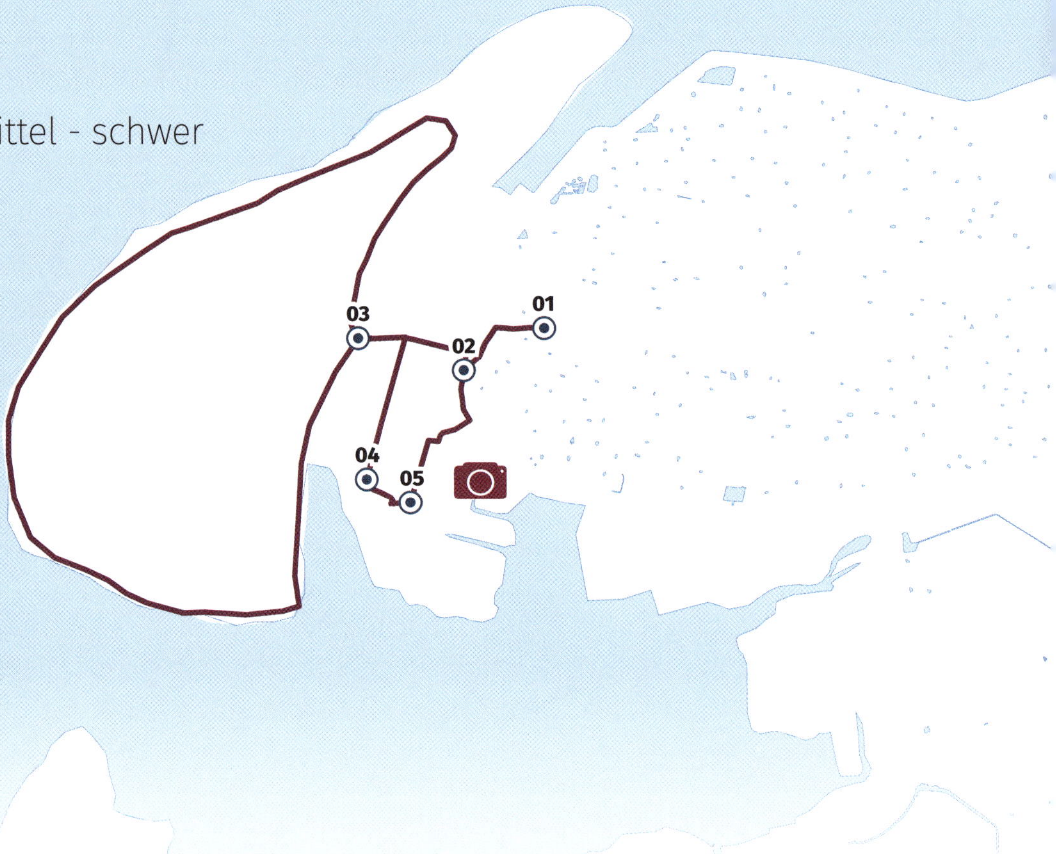

Höhenlinienmodell mit Streckenverlauf

Höhenprofil

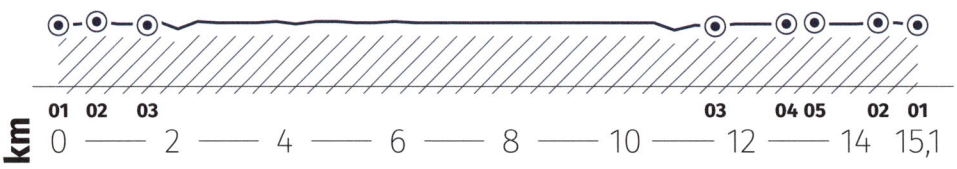

Die besten Kapitäne stehen immer an Land.

Seemannsspruch über Besserwisser.

Der Westerhever Leuchtturm auf der Halbinsel Eiderstedt ist einer der bekanntesten Leuchttürme Deutschlands. Der Westerheversand im Vorfeld des Leuchtturms ist ein kilometerlanger Bade- und Wander-Hochstrand mitten im Nationalpark Schleswig-Holsteinisches Wattenmeer. Je nach auf- oder ablaufendem Wasser verkleinert bzw. vergrößert sich die am Spülsaum verlaufende Wanderroute, gebadet wird bei Flut.

▶ Während der Anfahrt von Westerhever zum Deichparkplatz **01** am Rand von Ahndel lugt der Westerhever Leuchtturm schon über den Deich. Hat man die Deichkrone **02** erklommen, zeigt sich der Leuchtturm in seiner ganzen Pracht. Gleichzeitig wird deutlich, dass der ausgeschilderte Weg durch die Salzwiesen relativ lang ist.

Der betonierte Weg in den Salzwiesen ist zugleich der Zugang **03** zur Wanderung über den Westerheversand. Dieser ist wie der Kniepsand vor Amrum oder die Kachelotplate vor Juist und Memmert ein Hochsand, der das mittlere Tidenhochwasser so weit überragt, dass er nur noch bei starken Sturmfluten über-

spült wird. Im Hochsand wachsen mehr und mehr Pflanzen. All-jährlich wird das Bade- und Wattenmeerparadies Westerhever-sand von rund 80.000 Menschen besucht.

Nach der ausgedehnten Runde über den Westerheversand (für die man rund 2 Stunden veranschlagen sollte) halten wir uns bei Weg-punkt **03** zunächst Richtung Festland, biegen aber an der nächsten Weggabelung nach rechts ab und erreichen schon bald den Wester-hever Leuchtturm **04** 📷 auf der Warf zwischen den historischen Leuchtturmwärterhäusern. Diese beherbergen eine Ausstellung zum Nationalpark Schleswig-Holsteinisches Wattenmeer und ein Wattenmeer-Seminarhaus. Von dort zurück zum betonierten Weg und zum Parkplatz **01**.

Eine lohnende Alternative: Wanderer mit festem Schuhwerk können auf dem historischen Stockenstieg **05** zurückwan-dern. Der 45 cm breite Klinkerweg führt durch die Salzwie-sen zum Deich. Südlich des Stockenstiegs ist die sogenannte „Schafsburg" erkennbar, eine markante Erhebung und die zweite Landmarke neben dem Leuchtturm. Der Stockenstieg führt über drei Brücken und war bei Eröffnung des Leucht-turms der einzige befestigte Zugang. Wenn die Wildvögel im Deichvorland rasten, ist er gesperrt. Von Juni bis Ende Sep-tember ist er generell geöffnet. Zurück am Deich **02** geht es nun auf demselben Zuweg wie am Anfang zurück zum Aus-gangspunkt, dem Deichparkplatz **01** in Ahndel.

Dein Moment für die Ewigkeit

Der Standpunkt und die Perspektive

Wichtiger als jede Kamera ist die Bildkomposition und der Bildaufbau. Ein wesentlicher Teil davon ist der Standpunkt, von dem aus man fotografiert. Ein erhöhter Standpunkt gibt die Möglichkeit, eine Übersicht und einen Gesamteindruck zu vermitteln. Gerade bei einer Schlucht lassen sich so perfekte Bildausschnitte wählen.

3 Moräne trifft Meer

Hier ist die Küste dem Meer besonders exponiert ausgesetzt. Die Erosion hat der Moräne schon so weit zugesetzt, dass eine beeindruckende Steilküste entstand.

Bilder von: **Gregor Essi @greg.0.r**

Stohler Steilküste

Tourencharakter
Wanderung über gut ausgebaute Pfade oben an den Klippen entlang, im Bereich des Schwedenecks teilweise ungesichert nahe der Abbruchkante. Der Rückweg am Strand entlang ist naturgemäß etwas beschwerlicher.

Start und Ziel
Parkplatz südlich des Bülker Leuchtturms, Bülker Weg.

Schwierigkeit: **leicht** - mittel - schwer
Dauer: **3:15 h**
Länge: **13,3 km**
Aufstieg **20 hm**
Abstieg **20 hm**

Höhenlinienmodell mit Streckenverlauf

Höhenprofil

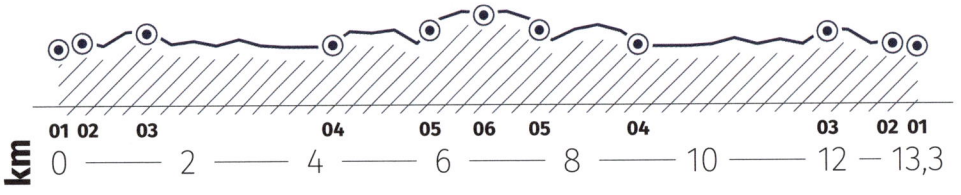

Solange der Wind nicht weht,
ist selbst die Daunenfeder
von ihrer Schwere überzeugt.

Russisches Sprichwort

Dort, wo die Strander Bucht in die Eckernförder Bucht übergeht, schiebt sich eine Landzunge in die Ostsee, die Bülker Huk. Vom Leuchtturm an ihrer Spitze genießt man von der Aussichtplattform in 22 m Höhe einen traumhaften Blick auf die Ostsee, die Stohler Steilküste, den Dänischen Wohld und den Kieler Leuchtturm.

Über die Bülker Huk wandert man begleitet von gelb leuchtenden Rapsfeldern Richtung Nordwesten über den Hatzberg zur Stohler Steilküste, eine bis Krusendorf reichende gewaltige Abbruchkante.

Die Küste ist der ständigen Erosion ausgesetzt: Oststürme nagen am Hangfuß, immer wieder werden große Steine aus der bis zu 30 m hohen Wand herausgespült. Vereinzelt trägt auch austretendes Grundwasser zur Erosion bei.

Zur Gemeinde Schwedeneck auf der Halbinsel Dänischer Wohld gehört ein 16 km langer Strand.

▶ Start der landschaftlich schönen Wanderung ist der Parkplatz **01** südlich des Bülker Leuchtturms **02**. Wenn der Turm geöffnet hat, sollte man auf jeden Fall zur Aussichtsplattform hochsteigen.

Anschließend wandern wir um die Landspitze herum und folgen dem Weg zum Beginn der Steilküste **03**. Auf Höhe der Ortschaft Stohl zweigt nach links ein Weg in den Ort ab, rechts führt eine Treppe **04** zum Wasser und einem Hundestrand hinunter. Der Weg verläuft weiter oben auf der Kliffkante und führt in einem Linksbogen zur Steilküste Schwedeneck **05**. Die Bäume reichen bis an die Kliffkante – und immer wieder wird einer in die Tiefe gerissen. Der schmale Trampelpfad führt genau am Steilufer entlang: Wer mit kleinen (und neugierigen) Kindern unterwegs ist, sollte hier entsprechend auf sie aufpassen. Der Blick von oben auf das tiefblaue Wasser der Ostsee ist traumhaft. Schließlich ist das Strandhaus Schwedeneck **06** 📷 erreicht, der Umkehrpunkt der Wanderung.

Reizvoll, aber deutlich anstrengender ist der Rückweg entlang des (Stein-)Strandes. Es lohnt sich: Die Kulisse der zwei Steilküstenabschnitte ist von unten betrachtet ausgesprochen eindrucksvoll.

Sonnenstern

Der Sonnenstern wird durch eine geschlossene Blende erzeugt. Deshalb heißt er auch Blendenstern. Auf dem Bild wirkt er stärker, weil er am Horizont über das dunkle Land strahlen kann. Such dir solche Kanten, an denen die Lichtstrahlen wirken können.

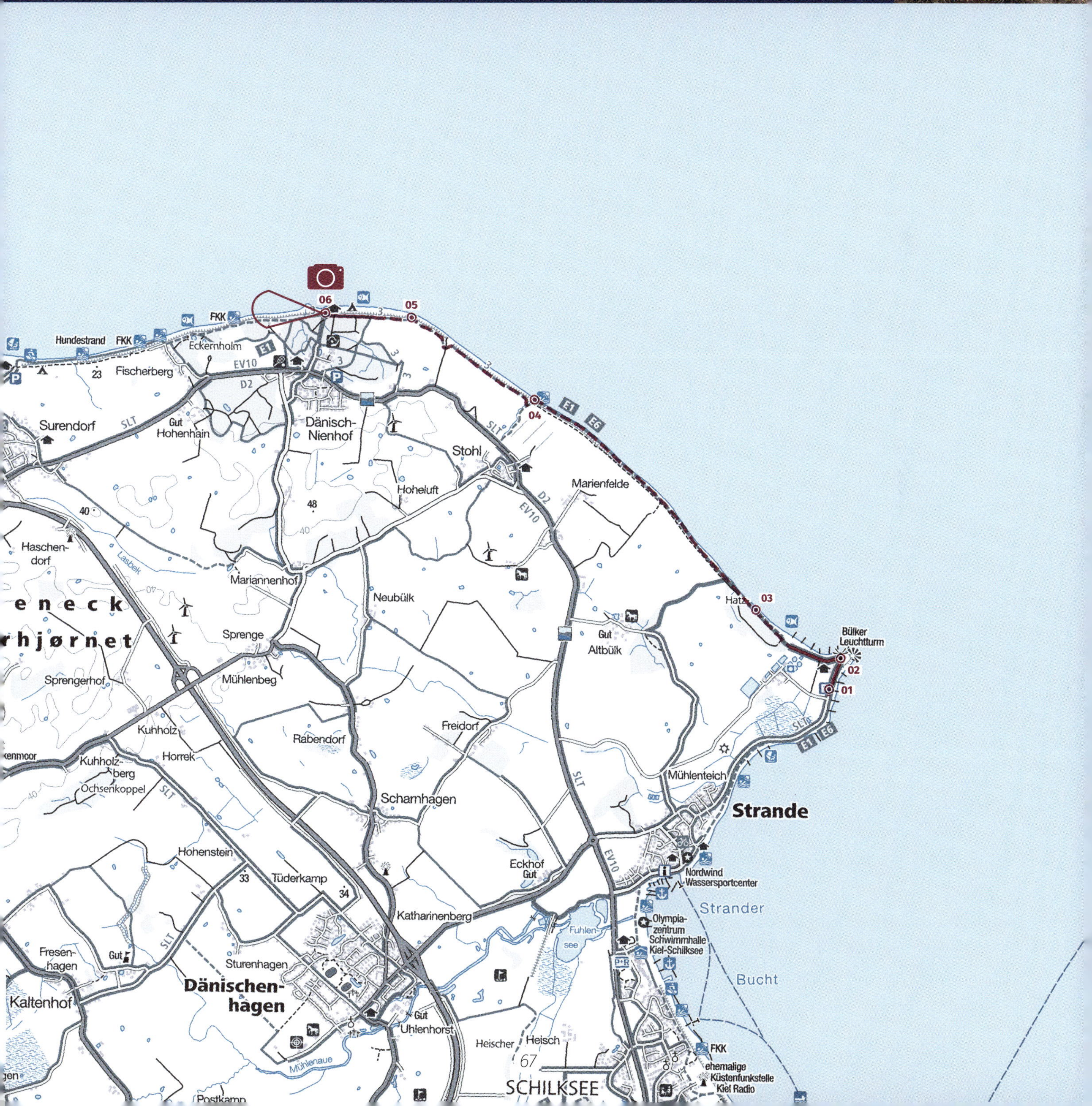

Hundestrand FKK
Eckernholm
Fischerberg
Surendorf
Gut Hohenhain
Dänisch-Nienhof
Stohl
Marienfelde
Hoheluft
Haschen-dorf
Mariannenhof
Neubülk
eneck
rhjørnet
Sprenge
Gut Altbülk
Hatz
Bülker Leuchtturm
Sprengerhof
Mühlenberg
Freidorf
Kuhholz
Räbendorf
Kuhholz-berg
Horrek
Ochsenkoppel
Scharnhagen
Mühlenteich
Strande
Hohenstein
Tüderkamp
Eckhof Gut
Nordwind Wassersportcenter
Fresen-hagen
Gut
Sturenhagen
Katharinenberg
Fuhlen-see
Olympia-zentrum Schwimmhalle Kiel-Schilksee
Stander
Kaltenhof
Dänischen-hagen
Gut Uhlenhorst
Bucht
Mühlenaue
Heischer Heisch
FKK
ehemalige Küstenfunkstelle Kiel Radio
SCHILKSEE

67

4 Sommerfrische auf Graswarder

Anfang des 20. Jahrhunderts errichteten sich einige Wohlhabende Strandvillen auf der ehemaligen Insel. Heute ist die Insel fest mit der Halbinsel Steinwarder verbunden.

Bilder von: **Gregor Essi @greg.0.r**

Halbinsel Graswarder

Tourencharakter
 Einfache, abwechslungsreiche Wanderung; ans Fernglas denken!

Start und Ziel
Heiligenhafen, Parkplatz Steinwarder. Bushaltestelle „Heiligenhafen Steinwarder".

Schwierigkeit: **leicht** - mittel - schwer
Dauer: **3:00 h**
Länge: **12,6 km**
Aufstieg **5 hm**
Abstieg **5 hm**

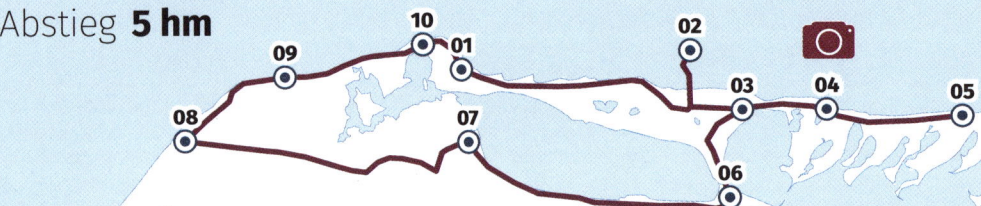

Höhenlinienmodell mit Streckenverlauf

Höhenprofil

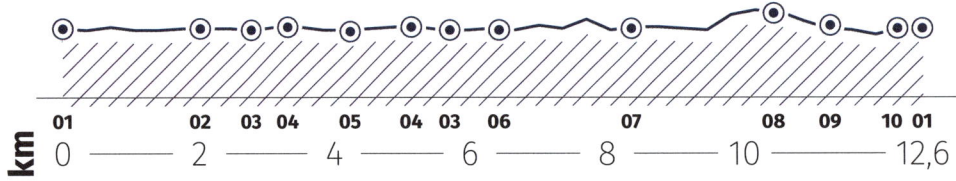

Der Graswarder bildet zusammen mit dem westlich davor gelegenen Steinwarder eine lang gestreckte Halbinsel. Bis 1954 war er eine Insel, dann wurde eine Verbindung zur Halbinsel Steinwarder gebaut. Der Binnensee zwischen Steinwarder und Graswarder hat immer noch eine Verbindung zur Ostsee. Durch die Strömung entlang der Küste sind Steinwarder und Graswarder als Nehrungshalbinseln einem ständigen Veränderungsprozess unterworfen. Es lohnt sich, einmal das Gebiet auf einem Luft-

bild anzuschauen: Auf diesem sind die neuen Nehrungshaken im Osten als Sandschleier schon gut zu erkennen.

Der östliche Nehrungshaken steht unter Naturschutz, er ist ein wichtiges Brutgebiet für Vogelarten wie Graugänse, Brandgänse, Säbelschnäbler und Austernfischer. Am Rande des Schutzgebietes befindet sich ein Informationszentrum des NABU Schleswig-Holstein. Im Rahmen von Führungen wird auch der

nahegelegene 14 m hohe Beobachtungsturm zur Vogelbeobachtung genutzt. Rund 220 Vogelarten legen hier Rast während des Vogelzugs ein, 40 Arten brüten in den Salzwiesen.

Etwas überraschend ist die Bebauung des Graswarders: Die bunten Häuschen wurden um 1900 als Strandvillen errichtet – bis 1954 gab es nur einen Holzsteg als Verbindung zum Hafen. Heute stehen alle 15 Häuser unter Denkmalschutz.

Wir queren diese und wandern am Südufer des Binnensees nach Westen. Zunächst weniger schön entlang eines Parkplatzes, dann am Wassersportzentrum vorbei und weiter an der Wasserlinie zu einem Wohnmobilstellplatz **07**.

Wir umrunden den Ostsee-Ferienpark Heiligenhafen auf seiner Südseite und folgen dem Weg nach Westen, bis wir den Strand erreichen. Hier stoßen wir auf den schönen Steilküstenweg **08**,

Die Halbinsel Stein- und Graswarder sind Nehrungssysteme, die stetig anwachsen und sich verändern. Dabei wird Material von der Steilküste und anderswo laufend Richtung Westen verfrachtet. So bilden sich immer neue Haken und kleine Lagunen.

▶ Wir starten am Parkplatz Steinwarder **01**, gehen vor zum Strand und folgen der Seebrückenpromenade nach rechts bis zur Seebrücke **02**. Der Blick ist fantastisch, es gibt Liegestühle und einen Wasserspielbereich.

Zurück auf der Seepromenade halten wir uns links und erreichen schließlich das Nordende der Marina **03** mit schönem Blick über den Yachthafen. Nun wandern wir auf dem Graswarderweg an den 15 linksstehenden Strandvillen **📷** vorbei zum NABU-Zentrum **04** und von dort weiter zum 14 m hohen Beobachtungsturm **05**. Südlich des Graswarderwegs erstrecken sich ausgedehnte Salzwiesen.

Zurück auf gleichem Weg zum Nordende der Marina **03**. Hier wenden wir uns nach Süden und wandern an den Piers zur Linken und Parkplatz **06** zur Rechten zur Straße „Steinwarder".

ein schmaler Trampelpfad entlang der Steilküste, die hier der Erosion durch Wind und Wellen ausgesetzt ist. Große Findlinge, die von Gletschern hierhertransportiert wurden, liegen aus dem Hang gespült am Strand.

Keine Schönheit, aber unübersehbar ist der Leuchtturm **09**. Der Steilküstenweg endet kurz darauf in einer Stichstraße, die links zum Ostseeufer führt. Ab hier folgen wir dem Strand zurück zum Ausgangspunkt, rechts von uns liegt nun ein kleiner Strandsee. Wir erreichen schließlich den mit Strandkörben übersäten Strand **10** und wechseln auf die Seebrückenpromenade. Hinter dem Strand befindet sich in der Biegung die Aussichtsplattform „Mann im Sturm", hier lassen sich gut die Surfer und Kiter beobachten. Beim nächsten kleinen Strand stoßen wir rechts wieder auf den Parkplatz Steinwarder **01**.

Dein Moment für die Ewigkeit

Stativ

Wann braucht man eigentlich ein Stativ? Das hängt von der Belichtungsdauer ab. Als Kennwert sollte man sich die doppelte Brennweite merken. Das heißt bei einer Brennweite des Objektives von 50 mm sollte man eine Belichtung von 1/100 nicht unterschreiten, sonst ist ein Stativ gefragt um gestochen scharfe Bilder zu bekommen. Will man absichtlich länger belichten wie bei diesem Bild, braucht man definitiv ein Stativ.

HEILIGENHAFEN

Binnensee

Erlebnis Seebrücke

Steinwarder

Yachthafen

Graswarder

Graswarder/Heiligenhafen

NSG

Eichholz

Ostsee-ferienpark

Meerwasserbad

Aktiv-Hus

Segelschule

Heimat-museum

Segelschule

Warteburg

Ortmühle

Strandhausen

Heiligenhfn.-Mitte

Dt. Ferienroute Alpen-Ostsee

Heiligenhfn.-Ost

Eichtal

Lütjer

ehem. Mülldeponie

Klaustorf

Neu-Klaustorf

Bardin

Dazendorf

Rossee

Koppelhaus

Funkhaus

Kembs

Teschendorf

Sulsdorf

Hirsch

Neuratjensdorf

Klingstein

Bankendorf

Wandelwitz

Techelwitz

Gremersdorf

Altgalendorf

Nanndorf

Bollbrügge

Meeschendorfer-weide

Georgshof

Am Bahnhof

Gut

Goldkamp

Meeschendorf

Neukirchen

Bürau Gut

5 Gespenster im Wald?

Eigentlich heißt er Nienhagener Wald. Gerade bei schlechtem Wetter oder bei Dämmerung lassen die bizarren Waldformationen schnell erkennen wie es zu dem Beinamen kam.

Bilder von: Bernd Meissner @bernimeissner

Küstenwanderweg Stoltera und Nienhagener Gespensterwald

Tourencharakter
Entlang der Stoltera von Warnemünde nach Nienhagen. Lange, aber einfache Wanderung auf gut markierten Wegen.

Start und Ziel
Start ist beim Bahnhof Warnemünde. Das Ziel ist die Bushaltestelle „Nienhagen West".

Schwierigkeit: leicht - **mittel** - schwer
Dauer: **3:30 h**
Länge: **12,7 km**
Aufstieg **22 hm**
Abstieg **26 hm**

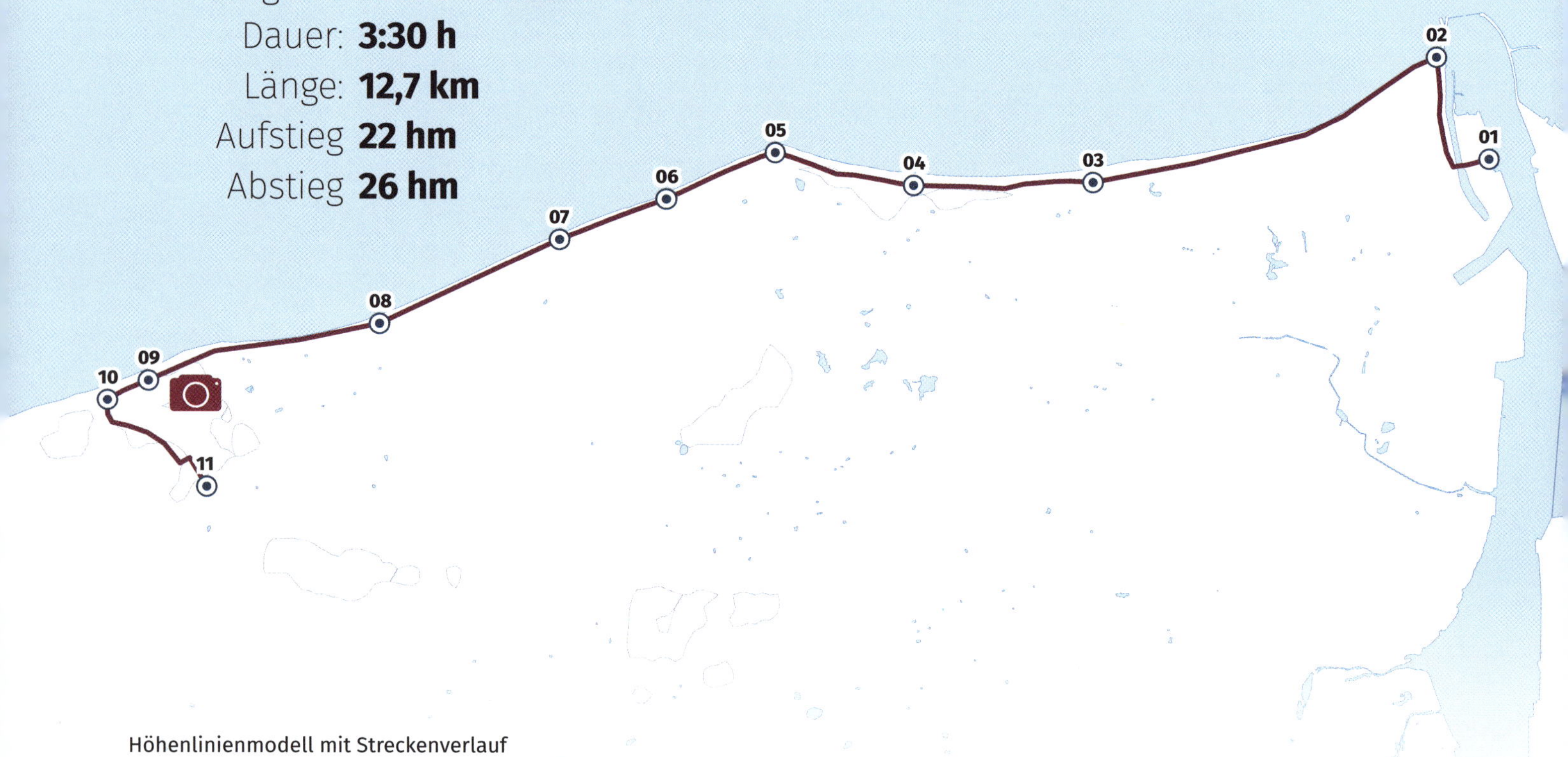

Höhenlinienmodell mit Streckenverlauf

Höhenprofil

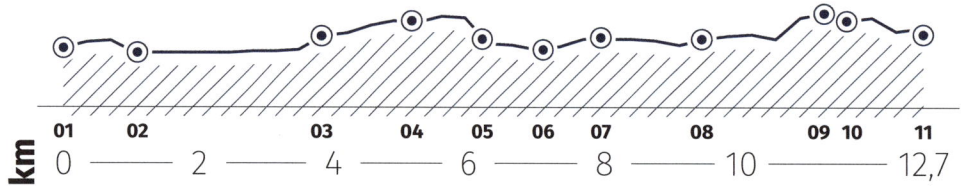

Das Seebad Warnemünde ist ein Ortsteil von Rostock – hier mündet die Warnow in die Ostsee. Bis 1821, als man den Badebetrieb aufnahm, war Warnemünde ein kleiner Hafen- und Fischerort. Der 150 m breite (und 3 km lange) Sandstrand zählt zu den breitesten entlang der Ostsee. Das Seebad hat einen liebenswerten Ortskern mit schmalen Gassen und hübschen Häusern.

Der 3 km lange Küstenabschnitt Stoltera westlich von Warnemünde begeistert mit einem steilen, bis zu 20 m hohen Kliff. Der auf ihm stehende Küstenwald besteht aus Rot- und Hainbuchen, Stiel- und Roteichen, Birken sowie Edelkastanien. In den Steilhängen brüten Uferschwalben. Ziel der Wanderung ist der berühmte Gespensterwald von Nienhagen – hier prägen von steten Ostseewinden und Stürmen bizarr geformte Buchen den Steilküstenabschnitt.

▶ Wir starten am Bahnhof Warnemünde **01**, halten uns auf dem Vorplatz links und überqueren auf der Bahnhofsbrücke den Alten Strom. Auf der Drehbrücke sollte man sich Zeit nehmen, dem Treiben auf dem Wasser zuzusehen.

Nach der Brücke halten wir uns rechts und befinden uns auf der Flaniermeile Warnemündes, die auf der Westseite des Alten Stroms verläuft. Der Weg Richtung Westmole und Leuchtturm wird gesäumt von liebevoll renovierten Kapitänshäusern, in denen heute allerdings keine Kapitäne mehr wohnen. Stattdessen wurden sie mit Geschäften und Gaststätten zu neuem Leben erweckt. Unterwegs lassen sich entspannt ein- und auslaufende Fischkutter, Ausflugsschiffe und stolze Jachten beobachten.

Wir erreichen den Strand und blicken rechts von uns auf die 4 m hohe vergoldete Statue Esperanza, die seit 2012 die Mittelmole schmückt.

Wir kommen zur Westmole **02** – der Bummel zur ihrer Spitze gehört zu einem Besuch des Ostseebades Warnemünde einfach dazu. 541 m ragt die Mole ins Fahrwasser hinein und wurde in erster Linie als Schutz und Wellenbrecher gebaut. Vor allem bei Schlechtwetter wird hier den mit großer Kraft anbrandenden Ostseewellen die Energie genommen. Am äußersten Ende der Mole steht eine 12 m hohe Leuchtbarke, die die Einfahrt in den Hafen von Rostock erleichtert. Von hier aus hat man auch einen schönen Blick auf die Steilküste von Stoltera.

Zurück am Strand schauen wir auf zwei Wahrzeichen des Badeortes: Den 37 m hohen Leuchtturm (Aufstieg zur Plattform) und den Teepott Warnemünde mit mehreren Gastronomiebetrieben. Wir folgen nun der Wasserlinie und stellen fest, dass der Sandstrand zunehmend schmaler wird. Alternativ kann man auch der Seepromenade folgen, die direkt hinter den Dünen verläuft (mit einem 2 km langen Planetenweg). Wir erreichen das westliche Ortsende von Warnemünde, wo der Küstenwald **03** und das 3 km lange Naturschutzgebiet Stoltera beginnen. Das Naturschutzgebiet schützt das mit Küstenwald bestandene Kliff und die angrenzenden Strand- und Flachwasserbereiche. Wir wechseln nun auf den Weg im Wald und folgen diesem bis zur Gaststätte Wilhelmshöhe **04** mit schöner Terrasse. Kurze Zeit später ist das Kap Stoltera/Kap Geinitzort **05** erreicht.

Wir wandern weiter nach Westen und erreichen eine Weggabelung **06**, an der ein Stichweg hinunter zum Strand Elmenhorst führt. Wir bleiben aber weiter auf der Höhe und erreichen eine weitere Treppe **07** hinunter zum Wasser. Bei einem überdachten Sitzplatz **08** mit Treppe zum Strand haben wir die Steilküste Nienhagen erreicht. Wir verlassen schließlich den Küstenwald; der Weg führt über eine offene Wiese zum Strand von Nienhagen.

Hinter dem Strand beginnt der berühmte Gespensterwald **09** 📷, ein 100 m breiter und 1,3 km langer Buchenmischwald.

Dein Moment für die Ewigkeit

Es rauscht im Wald

Mit dem ISO-Wert stellst du oder der Automatikmodus die Lichtempfindlichkeit des Sensors ein. Je höher der Wert ist umso weniger Licht wird benötigt und umso heller wird ein Foto. Der Nachteil, es erhöht sich auch das „Rauschen" des Bildes mit einem höheren Wert. Teste deine Kamera in verschiedenen Werten und finde den maximalen Wert, den du nicht überschreiten solltest.

79

Er verdankt seinen Namen den bizarren, durch Ostseewind und Winterstürme geformten Bäumen, die dem Wald je nach Wetterlage und Jahreszeit einen gespenstischen oder märchenhaft anmutenden Charakter verleihen. Neben Buchen wachsen hier Eichen, Hainbuchen und Eschen – die Bäume erreichen ein stolzes Alter zwischen 90 und 170 Jahren. Mit ihren Wurzeln ragen sie teilweise über die Kliffkante der Ostseesteilküste hinaus. Wegen ihrer vor dem Wind „fliehenden" Kronen werden die Bäume auch Windflüchter genannt. An einer Weggabelung **10** kurz vor dem Ende des Gespensterwalds wenden wir uns nach Süden und wandern an einem Parkplatz vorbei zum Ortseingang von Nienhagen. Dort, wo

die Waldstraße auf die Doberaner Straße trifft, halten wir uns links zur Bushaltestelle „Nienhagen West" **11** gegenüber vom Parkplatz „Am Gespensterwald".

Variante zurück entlang der Ostsee: Um die traumhafte Steilküste in all ihren Facetten zu erleben, empfiehlt sich der Rückweg entlang des Wassers – bis zum Bahnhof Warnemünde sind es knapp 11 km (2 ½ Std.). Am Ortseingang von Warnemünde kann man jedoch von der Bushaltestelle „Rostock-Warnemünde Strand" (Parkstraße beim Parkplatz „Strand Mitte") zum Bahnhof fahren und spart sich so 2,5 km Wegstrecke.

6 „dat söte Länneken"

Das bedeutet so viel wie „das süße Ländchen" und ist der Spitz-
name der Insel. Die „kleine Insel" ist innerhalb des Nationalparks
Vorpommersche Boddenlandschaft die größte. Vom relativ hohen
Norden (72 m) zieht sich die Insel zum schmalen, flachen Gellen
genannten Süden.

Bilder von: Jan Junghans @waterandclouds

Hiddensee: Neudorf – Vitte – Kloster

Tourencharakter
Durch die Hiddenseer Dünenheide. Bequeme Wanderung auf teils sandigen Wegen.

Start und Ziel
Hafen in Neuendorf auf Hiddensee. Anfahrt auf der B 96 Stralsund – Rügendamm – Samtens, hier abzweigen nach Gingst und weiter zum Fährhafen Schaprode. Die Inel Hiddensee ist autofrei.

Schwierigkeit: **leicht** - mittel - schwer
Dauer: **3:15 h**
Länge: **15,9 km**
Aufstieg **0 hm**
Abstieg **0 hm**

Höhenlinienmodell mit Streckenverlauf

Höhenprofil

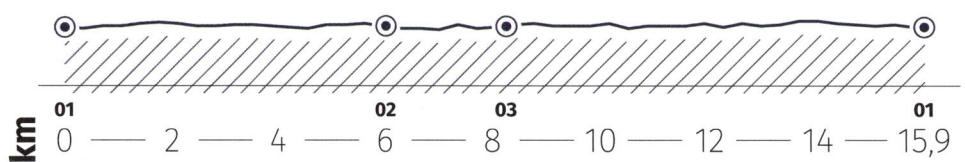

Die Dünenheide zwischen Neuendorf und Vitte verwandelt sich zur Zeit der Heideblüte in ein violettes Blütenmeer. Wie in Vitte besteht auch im Inselhauptort Kloster die Möglichkeit, die aussichtsreiche Strand-, Heide- und Badewanderung abzukürzen und mit dem Schiff ans Festland zurückzufahren.

Das Fischerdorf Neuendorf am Schaproder Bodden ist das am ursprünglichsten erhaltene Dorf auf Hiddensee. Mit seinen weiß getünchten, reetgedeckten Häusern, deren breite Eingangsseiten alle nach Süden ausgerichtet sind, steht es komplett unter Denkmalschutz. Auffällig ist auch das Fehlen von umhegten Gärten, von Zäunen und sonstigen Abgrenzungen: Frei stehen die Häuser auf den kleinen und überflutungssicheren „Bergen" (Dünen) im autofreien Land.

 Vom Hafen Am Bollwerk führt die Straße Königsbarg durch das pittoreske Neuendorf **01** kurz westwärts und setzt sich als Pfad fort, der nach dem Feuerlöschteich den Strand an der Westküste der Insel erreicht. Der Strand gibt im Rauschen der Ostsee die Route nordwärts vor, nach Passieren von Sanitäranlagen und eines Spielplatzes bleiben die Häuser von Neuendorf zurück, und nach einem Steindamm, der Neuendorf umgibt, geht es rechts versetzt geradeaus weiter auf der Inselhauptstraße, bis an einer Nationalpark-Informationsstelle der Weg durch die Dünenheide beginnt.

Die Hiddenseer Dünenheide ist die letzte in Mecklenburg-Vorpommern und steht als einmalige Natur- und Kulturlandschaft unter Naturschutz. Charakterpflanzen sind alte Wacholder, Glockenheide und Krähenbeeren. Mehrere Wege führen durch das Schutzgebiet, das Schafe von Verwaldung freihalten. Neben der Beweidung dient auch die Imkerei dem Erhalt der Heide. Am Ostrand der 120 ha großen Heidelandschaft lädt das Hotel Heiderose zur Einkehr ein, an einer Wegespinne im Norden der Heide befindet sich der Mittelpunkt der Insel.

Von der Dünenheide führt der Wanderweg in den Hafenort Vitte **02** mit sehenswerten Häusern. Links geht es zur Strandpromenade, die einem Damm aussichtsreich nordwärts folgt. An einer Raststelle endet der Damm und auf der autofreien Inselstraße geht es weiter nach Kloster **03**, dort rechts (Weißer Weg) auf die Boddenseite der Insel, wo der Boddendeich aussichtsreich zurück nach Vitte führt. Von dort geht es am Strand **◉** entlang zurück zum Ausgangspunkt, dem Hafen von Neuendorf **01**.

Goldener Schnitt

⅔ Himmel – ⅓ Land, das wirkt ausgewogen. Für einen guten Bildschnitt gibt es viel Lektüre. Die bekanntesten Konzepte sind der Goldene Schnitt und die Goldene Spirale (Fibonacci-Spirale). Ein wohlüberlegter Bildschnitt macht oft den Unterschied zwischen Schnappschuss und druckenswertem Bild.

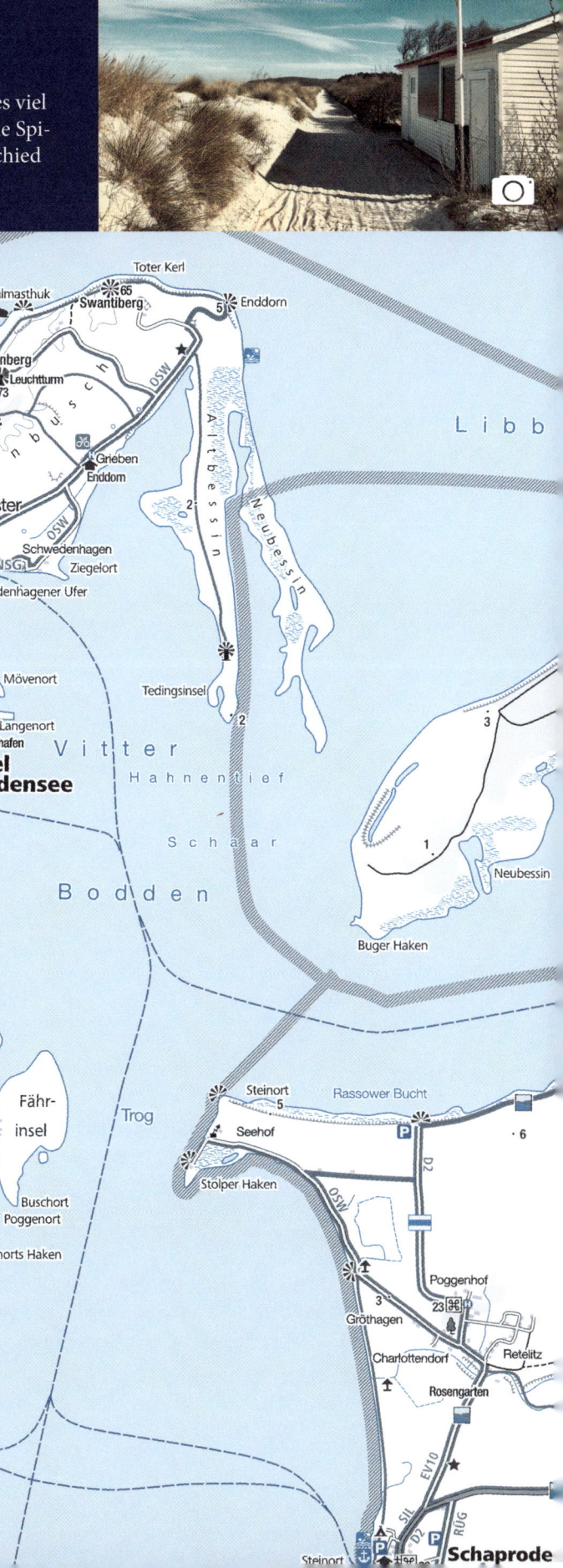

Toter Kerl

Signalmasthuk

Swantiberg 65

Enddorn

Bakenberg

Tietenufer
Zum Klausner

Leuchtturm 73

Rennbaumhuk

Grieben

Enddorn

51

NDR-Wetterstation

Vogelwarte

Hucke NSG

29

Kloster

Gerhart-Hauptmann-Museum

34

Schwedenhagen

Ziegelort

03

Schwedenhagener Ufer

Harter Ort

Mövenort

Vitter

Tedingsinsel

Langenort

Haspenort

32

Seglerhafen

Vitter

Hahnentief

33

Insel Hiddensee

Schaar

02

Vitte

Bodden

Bucht

1

Neubessin

Buger Haken

Trog

Steinort

Rassower Bucht

Seehof

Fähr-insel

31

NSG

FKK

4

Heiderose

Stolper Haken

5

Buschort

Poggenort

Poggenhof

Hassenort

5

Soltenorts Haken

23

Gröthagen

Vaschenort

Charlottendorf

Fischereimuseum

Gützlach

Retelitz

Seemöw

Rosengarten

Zur Boje 01

Neuendorf

Seglerhafen

Plogshagen

Süderhaus

Schwarzer Peter

Fischerhak

Steinort

Schaprode

Libb

7 Neuer Glanz, alter Stil

Die nach historischen Vorbildern aus den 1920er Jahren rekonstruierte und 1998 eröffnete Seebrücke ist das alte und neue Wahrzeichen von Sellin. 394 m ragt sie in die Ostseee hinaus.

Bilder von: **Nico Kaiser @muxpix**

Rügen: Binz – Granitz – Sellin

Tourencharakter
Durch die Buchenwälder der Granitz Waldwanderung mit schönen Aussichtspunkten und einigen Auf- und Abstiegen.

Start und Ziel
Binz, Wendeplatz vor der Seebrücke beim Kurhaus. Anfahrt auf der B 196 Bergen auf Rügen – Baabe und in Serams abzweigen nach Binz.

Schwierigkeit: **leicht** - mittel - schwer
Dauer: **4:15 h**
Länge: **14,5 km**
Aufstieg **168 hm**
Abstieg **168 hm**

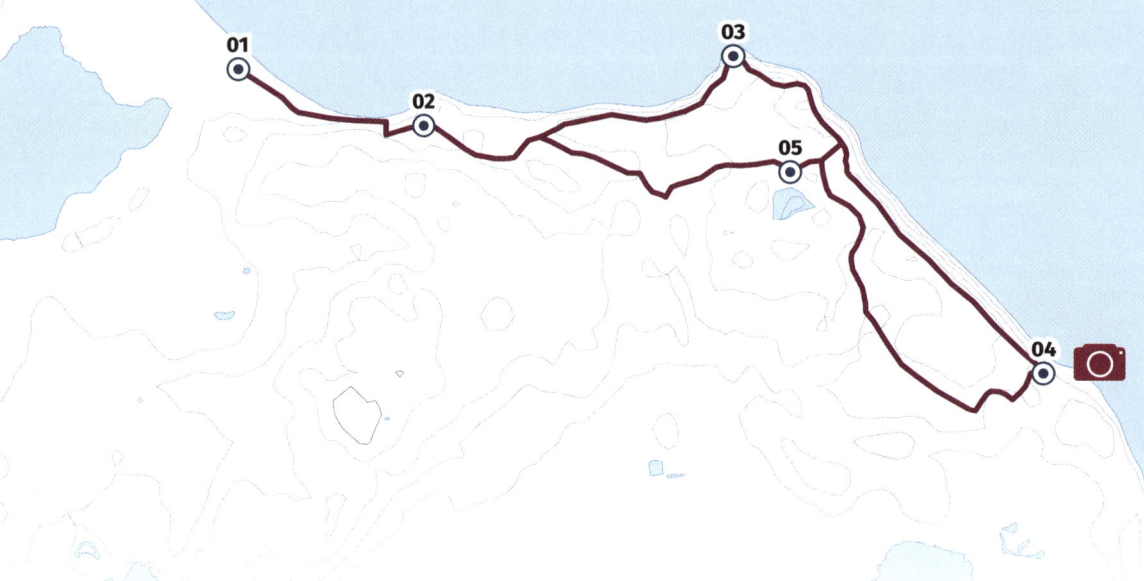

Höhenlinienmodell mit Streckenverlauf

Höhenprofil

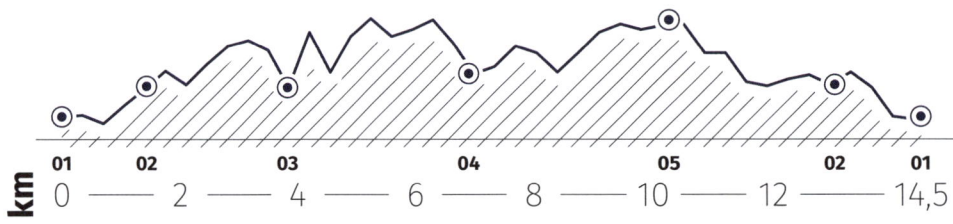

Vom Seebad Binz führt diese Wanderung aussichtsreich längs der Küste zum Seebad Sellin und durch die Buchenwälder der Granitz zurück.

▶ Vom Wendeplatz vor der Binzer Seebrücke **01** folgen wir der fahrradfähigen Strandpromenade rechts (südostwärts) in Richtung der Kliffküste zum Fischerstrand. Hier endet die Promenade und wir folgen dem Strandweg am Fuß der Klippen entlang weiter bis zur Teufelsschlucht. Durch die Schlucht erfolgt der Aufstieg zum Hochuferweg, dem wir nun immer in stetem Auf und Ab durch die Wälder folgen.

Erster markanter Punkt ist der bald erreichte Silvitzer Ort **02** (Abstecher), ein etwa 20 m hoher Aussichtsfelsen, von dem aus sich die gesamte Prorer Wiek überblicken lässt. Weiter geht es entlang dem Seehundsriff zum Küstenvorsprung Granitzer Ort **03**. Der Name „Seehundsriff" erinnert daran, dass sich hier bis ins 19. Jahrhundert ein Treffpunkt von Robben befand. Nun schwingt die Uferlinie ostwärts, und

am aussichtsreichen Schanzenort erkennen wir schon den Strand von Sellin.

Dort wandern wir von der Aussichtsstelle oberhalb der Seebrücke 🔘 durch die Wilhelmstraße, die von Häusern der Bäderarchitektur gesäumte Prachtstraße von Sellin **04**, bis zur Kreuzung mit der Luftbadstraße (links) und der Kirchstraße (rechts). Wir biegen rechts in die Kirchstraße ein und folgen ihr über die Kreuzung mit der August-Bebel-Straße hinweg Richtung Mutter-Kind-Kurklinik und an der Klinik vorbei in die Wälder der Granitz hinein. An der nächsten Wegverzweigung besteht die Möglichkeit, links über das Jagdschloss Granitz nach Binz zurückzukehren (Markierung Rotstrich), doch wir folgen der Gelbstrichmarkierung geradeaus zum moorigen Schwarzen See **05** – ein schöner, stiller Platz im Rauschen der Wälder. Vom Schwarzen See führt der Waldweg weiter zum Rastplatz an der Kreuzeiche. Von dort leitet die Gelbstrich-Markierung zurück zum Hochuferweg und zur Teufelsschlucht.

Von 1950 bis 1970 wurde im Brückenhaus fleißig getanzt. In dieser Zeit verfiel leider auch die Bausubstanz.

Dein Moment für die Ewigkeit

Heb dich ab

Du willst ein einzigartiges Bild schießen, das sich von anderen Darstellungen abhebt? Dann mach das auch mit deinem Motiv. Nutze klare Kontraste, um dein Motiv vom Hintergrund abzuheben. Durch den tiefen Standpunkt wächst das Seebad klar über den Horizont und zeichnet so klare Konturen.

von Prora

Campingpark Rügen des Bundeswehrsozialwerks

Seehotel Binz-Therme

FKK

IFA Rügen

Vitamar

Highway 96

Moorberge

Toter Mann · 50

Oma's küche

Ostseebad Binz

Seebrücke

01

FKK

Dolden Mädel

Park der Sinne

Schmachter See

Silvitzer Ort

März – Oktober

Seehundsriff

03 Granitzer Ort

26

Schanzenort · 71

02

21

Heideberge · 71

OSW

Kreuzeiche

05

N S G

30

66

62

Schwarzer See

RÜG

SIL

Max Dreyer-Buche

Schmacht

Rasender Roland

Granitzhof

G r a n i t z

Finnischer Krieger

Frankenberge · 85

D2

EV10

Forst Werder

N S G

69

Pantow

Serams

Serams

88

Jagdschloss Granitz

107

95

Infozentrum Granitzhaus

Rasender Roland

26

34

31

Tauchgondel FKK

Quitzlasriff

Seebrücke

04

71

Kurklinik

Forsthaus Sellin

99

100

Bernstein-museum

Quitzlaser Ort

FKK

Ostseebad Sellin

Neu Süllitz

Jagdschloss

83

Garftitz

98

Blieschow

Sellin-West

See-park

EV10

Alt Süllitz

85

Seefahrerhaus

Inselparadies

Sellin-Ost

51

Cliff-Hotel

44

196

Wandashorst

Stresower

Garftitz

Jägerhof

Lancken-Granitz

Altensien

6

Bockwindmühle

Neuensiener See

Neuensien

Selliner See

Baabe

Mönchguttor

Störtebeker

Ostseebad Baabe

32

Klein Stresow

Tannen

D2

EV10

97

Ziegensteine

97

Stieleiche

Burtevitz

NSG Salzwiesen Zamekow

Preetz

Drei Linden

EV10

Neuensien

Goldbusch

HEI

Fischerhütte

Nordic-Walking-Park

Baaber

Heide

Dummertevitz

Seedorf

Sandort

35

Moritzdorf

Moritzburg

Hotel Moritzdorf

Baaber Bollwerk

Küstenfischermuseum

EV10

Rasender Roland

Philipshagen

Plansbe

196

58

FKK

Gobbin

23

stresower Bucht

N S G

Slaw. Burgwall

Natur-Campingplatz

Neu Reddevitz

44

26

Angelpark

93

8 Mecklenburgische Seenplatte

Beworben wird die Region als „Land der 1.000 Seen". Als Überbleibsel von Gletschern aus dem Norden wurden sie schon sehr
früh besiedelt. Einer der größten Seen ist die Binnenmüritz. Der
Feisnecksee befindet sich südöstlich davon.

Bilder von: **Katrin Schmidt @ceramos_17**

Rund um die Feisneck

Tourencharakter
Eine wunderschöne „Wasserrund". Rundtour auf Wiesenpfaden und
Waldwegen; für Kinder gut begehbar; gut markiert und beschildert mit
einem gelben Schmetterling. Es gibt zwar keine Einkehrmöglichkeiten,
dafür sind mehrere Picknickmöglichkeiten an der Feisneck vorhanden.

Start und Ziel
Waren (Müritz); Wanderparkplatz an der Specker Straße; Eingangsbe-
reich zum Müritz-Nationalpark; hier befindet sich auch ein kleiner Spielplatz.

Schwierigkeit: **leicht** - mittel - schwer
Dauer: **2:00 h**
Länge: **8,5 km**
Aufstieg **0 hm**
Abstieg **0 hm**

Höhenlinienmodell mit Streckenverlauf

Höhenprofil

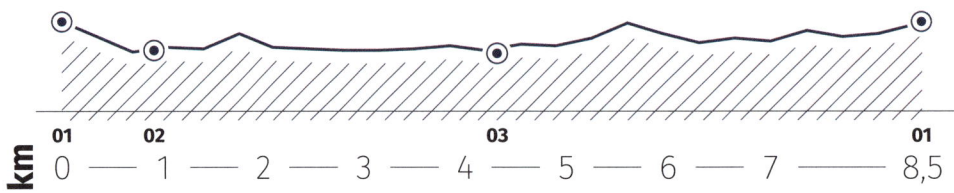

Rauhwollige Pommersche Landschafe. Diese sehr alte und ursprüngliche Schafrasse ist mittelgroß und besitzt graue, manchmal auch braune Wolle. Durch die Züchtung von Schafen mit feiner Wolle dezimierte sich die Anzahl der Pommerschen Landschafe, sodass sie sogar vom Aussterben bedroht waren. Man bemühte sich jedoch sehr intensiv um die Nachzucht, weshalb sie nun nicht mehr auf der Liste der akut gefährdeten Tierarten stehen. Die rauhwolligen Pommerschen Landschafe sind sehr robust und genügsam und eignen sich somit sehr gut für die Landschaftspflege. Sie werden hier eingesetzt um zu verhindern, dass Bäume und Sträucher die Offenlandschaft überwuchern.

Auf die Plätze, fertig, los! Vom Parkplatz **01** aus geht man links in die Specker Straße und folgt dem zweigeteilten Rad- und Gehweg. Über einen schmalen Landstreifen, der Binnenmüritz und Feisneck trennt, geht es weiter und biegt wenig später rechts in die Straße „An der Feisneck" ein, wo man an der Jugendherberge vorbeimarschiert. Nach ein paar Metern auf der Straße gibt es dann die Möglichkeit näher an den See heranzugehen, von wo man einen schönen Blick auf die Feisneck **02** 📷 hat.

Ein Sprung ins kühle Nass? Kurz darauf gibt es die erste Badestelle, die bewacht ist und sogar über einen Steg verfügt. Hier können Kinder gut im Sand spielen. Auf einem Pfad wandern wir weiter durchs Grüne. Nach circa einer halben Stunde erreicht man ein Gatter, das zur Weidefläche der rauhwolligen Pommerschen Landschafe führt. Hier gibt es auch eine Informationstafel, an der man Wissenswertes über die Landschaft und die Beweidung der Schafe erfährt.

Zeit für ein Picknick. Zehn Minuten später gabelt sich der Weg. Man wandert hier geradeaus, durchschreitet wiederum ein Tor und bleibt auf dem Weg am See entlang. Immer wieder gibt es auf dieser Seite der Feisneck die Möglichkeit, am Wasser ein Picknick zu machen. Es empfiehlt sich die Mitnahme einer Picknickdecke, da keine Bänke und Tische vorhanden sind. Wer sich gerne im kühlen Nass erfrischen möchte, dem bietet sich hier mehrfach die Gelegenheit.

Munter geht es weiter. Nach gut einer Stunde kommt man zum nächsten Tor. Seitlich davon liegt der kleine See Pumpe **03**. Man folgt dem Wegweiser „Gelber Schmetterling" nach rechts und marschiert nun wieder auf einem Waldweg. Nach ein paar

Metern auf Betonplatten folgt man dem Schmetterling und biegt rechts in einen schmalen Waldpfad ein. Nun verläuft der Weg in einem schattigen Waldgebiet. Man hat hier nun nicht mehr die Möglichkeit zum Wasser zu kommen und ein Blick auf den See ist nur durch die Bäume möglich.

Tolle Aussicht genießen. Wandert man weiter, kommt man zu einem Picknickplatz mit Tischen und Bänken. Auf einem Steg, der ein Stück in die Feisneck hineinreicht, hat man einen wunderbaren Ausblick über den See. Bänke laden hier zum Verweilen und Entspannen ein. Ein fantastischer Aussichtspunkt, besonders wenn die Sonnenstrahlen im Wasser glitzern. Nach ein paar Metern gabelt sich der Weg, man folgt dem Schmetterling und geht rechts. Schmetterling, du kleines Ding. Immer wieder, vor allem nahe den Wiesen, kann man verschiedenfarbige Schmetterlinge, die sich hier tummeln, beobachten.

Das Ziel ist bald erreicht. An einer weiteren Weggabelung liegt vor einem ein Zaun ein schmaler Durchgang mit Poller. Man hält sich jedoch an den Wegweiser, folgt diesem nach links und entfernt sich somit vom Wasser. Bald darauf trifft man auf einen breiten geteerten Weg, in den man rechts einbiegt. Hier begegnen einem immer wieder Radfahrer, denn es ist sowohl ein Wander- als auch ein Radweg. Auf den letzten Metern bis zum Parkplatz **01** wandert man auf der Specker Straße entlang einer Wohnsiedlung, die rechter Hand liegt.

Fotografieren mit Gegenlicht

... das ist Fluch und Segen in einem. Gegenlicht lässt Haare in Gold erstrahlen, oder so wie hier das Wasser sanft leuchten. Es besteht die Gefahr von Blendenflecken, Über- und Unterbelichtung. Gerade in solchen Situationen solltest du das Bild sofort nach der Aufnahme kontrollieren und gegebenenfalls noch mal schießen.

9 Im Briesetal

Das Flüsschen Briese entspringt im nordöstlich von Birkenwerder gelegenen Wandlitzsee, nimmt seinen Lauf durch den Rahmersee, den Lubowsee und Briesesee, windet sich dann durch Birkenwerder, um schließlich, nach nur 16 km, in die Havel zu münden.

Bilder von: Isabel M. @venividiwander

Birkenwerder – Wensickendorf

Tourencharakter
Durch das naturschöne Briesetal. Traumhaft schön. Das Briesetal im Naturpark Barnim zwischen Wandlitz und Birkenwerder zählt zu den schönsten Wandertälern nördlich von Berlin. Die Waldschule Briesetal, gegründet um die Entwicklung der Umweltbildung in der Region zu fördern, wird von Kindern und Erwachsenen sehr geschätzt.

Start und Ziel
Birkenwerder, Parkplatz an der Waldschule Briesetal. Mit dem Auto auf der BAB A10 nördlicher Berliner Ring bis Ausfahrt 33 Birkenwerder. Nach Oranienburg abbiegen. An der Kreuzung L 20/K 6504 rechts abbiegen bis zur Bahnhofstraße in Borgsdorf. Dann über den Bahnhof Borgsdorf zur Waldschule.

Schwierigkeit: **leicht** - mittel - schwer
Dauer: **2:40 h**
Länge: **10,8 km**
Aufstieg **5 hm**
Abstieg **5 hm**

Höhenlinienmodell mit Streckenverlauf

Höhenprofil

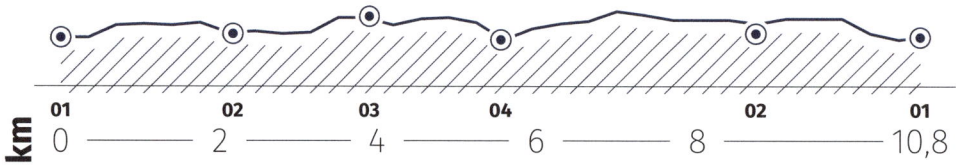

Nachdem der Fluss durch einen Birkenwald fließt, ist die Namensherleitung im Slawischen zu finden: slawisch breza = Birke.

▶ Der Ortsteil Briese **01** der Gemeinde Birkenwerder im Briesetal ist mit Waldschule, Badesee und dem Briesekrug ein viel besuchtes Ausflugsziel. Der Wanderweg folgt dem kleinen Fluss im Wald aufwärts Richtung Quelle. Parallel zum 66-Seen-Wanderweg führt ein ufernäherer interessanterer Pfad flussaufwärts. Die erste Möglichkeit, die Briese zu überqueren, bildet die Hubertusbrücke **02**, an der mitten im Wald Bänke und Schutzhütte zur Rast einladen und ein kurzer Bohlenweg zu den Helenenquellen führt.

Im Quellhang tritt rostbraunes, eisenhaltiges Wasser zu Tage. Weiter geht es auf dem 66-Seen-Weg durch die Wälder zu einer schönen Quelle eines Seitenarms der Briese. Wir stoßen an der Landstraße auf die Schlagbrücke **03** und gehen durch die Unterführung zur anderen Straßenseite.

Unsere Wanderung führt weiterhin am rechten Ufer der Briese entlang. Zwischendurch laden zwei Schutzhütten zur Rast ein, und wenn sich der Wald an einer Stromleitungsschneise öffnet, führt der Wanderweg links über die Briese zum Gasthaus Alte Försterei Wensickendorf am ehemaligen Forsthaus Wensickendorf **04**. Hier treten wir den Rückweg an und folgen der Briese talwärts, queren die Landstraße neben der Schlagbrücke und stoßen wieder auf die 📷 Hubertusbrücke **02**. Wir bleiben auf dieser Uferseite und kommen nach Briese **01** zurück, unserem Ausgangspunkt.

Beschneiden

Wenn du Personen nicht ganz zeigst, merke dir folgenden Spruch: „Unter Knie
–schneide nie." Es sollte eben gewollt sein und nicht versehentlich abgeschnitten
wirken. Das ist dann der Fall, wenn zum Beispiel die Füße gerade noch fehlen.

10 Durch die Rote Insel

Ein Spaziergang durch eine Insel, die von Gleisen gebildet wurde. Vorbei am Gasometer und zu einem Naturpark, in dem die Natur sich Bahn- und Gleisanlagen zurückerobert hat.

Bilder von: Fabian Pfitzinger @travelpixelz

Die „Rote" Insel

Tourencharakter

Eine kleine Zeitreise durch das südliche Berlin: Schöneberg. Vom historischen Spurenlesen auf festen Wegen im „roten" Schöneberg bis hin zum Naturschutzgebiet Südgelände, einem ehemaligen Rangierbahnhof. Im Südgelände führen weiche Pfade, umgeben von dichter Vegetation, entlang alter Relikte aus vergangenen Zeiten. Angrenzend an das Südgelände lohnt sich ein Abstecher zur Siedlung Lindenhof aus den 1920er Jahren, die seinerzeit ein Vorreiter der Gartenstadtbewegung war. Auf den Gasometer sind nur geführte und vorab gebuchte Touren möglich. (Geplante Bauarbeiten – bitte vorab informieren)

Start und Ziel

Start ist der S-/U-Bahnhof Yorckstraße (S1, S2, S25, U7) mit der Buslinie M19; Anfahrt aus Westen über die Potsdamer Straße bzw. aus Osten über die Yorckstraße. Ziel ist der S-Bahnhof Priesterweg (S2, S25) mit den Buslinien M76, X76, 170, 246; Ausfahrt Prellerweg.

Schwierigkeit: **leicht** - mittel - schwer
Dauer: **1:40 h**
Länge: **5,3 km**
Aufstieg **30 hm**
Abstieg **30 hm**

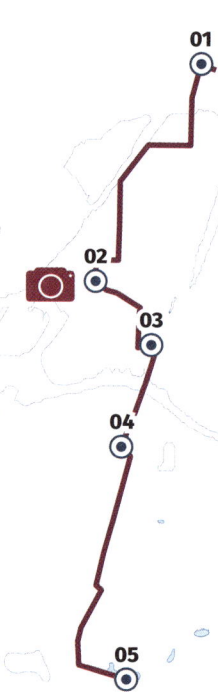

Höhenlinienmodell mit Streckenverlauf

Höhenprofil

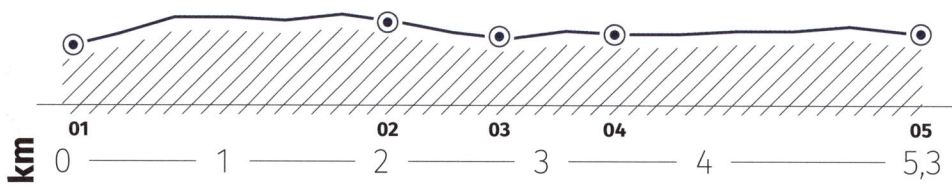

Die von Gleisen und Industrieanlagen gesäumte Insel war das „Eastend" von Schöneberg. Neben den Militärs lebten hier auch viele klassenbewusste Arbeiter. Sie standen politisch und kulturell den Sozialdemokraten und Kommunisten nahe, wählten also „rot".

www.inseltour-berlin.de

An der Yorckstraße **01**, über die sich einst 45 Eisenbahnbrücken spannten, beginnt die Schöneberger Tour. Hier eröffnet sich die Schöneberger Insel – auch „Rote Insel" genannt. Die Insel wird durch die Yorckstraße im Norden, den S-Bahnhof Schönenberg im Südwesten und das Südkreuz im Südosten abgegrenzt.

Nun hält man sich stets gegen Süden. Über die Katzlerstraße steuert man geradewegs auf den Alten St.-Matthäus-Kirchhof zu. Ein Besuch auf dem historischen Friedhof mit seinen jahrhundertealten denkmalgeschützten Mausoleen und Grabmälern lohnt sich – denn hier ruhen auch die Gebrüder Grimm.

Südwärts über die Monumentenstraße kreuzt man dann die Julius-Leber-Brücke und gelangt auf die Leberstraße. Um 1900 war dies die Hauptgeschäftsstraße mit unzähligen Kneipen und Geschäften und bildete mit der Cherusker- und Gotenstraße das Herz der „Roten Insel". Schlendert man ein wenig die Leberstraße hinunter, steht man sogar vor dem Geburtshaus Marlene Dietrichs.

Durchquert man nun diese Straßen, gelangt man zum **02** Gasometer ⬤, das mit seinen 78 m majestätisch in den Himmel ragt. Erbaut wurde es 1907 und gehörte damals zu den drei größten Gasometern Europas.

Anschließend richtet man sich nach Osten, über den Annedore-Leber Park zum Südkreuz. Geht man am **03** Gebäude des Südkreuzes entlang, gelangt man auf eine Brücke, die über die Autobahn führt und den Beginn des Südgeländes einleitet. In baldiger Sichtweite erhebt sich eine weitere Brücke, die nun über die Bahngleise in das Südgelände **04** hineinreicht.

Im **04** Südgelände lassen wir uns von den Pfaden und Stegen – ehemalige Gleise, die mit weichem Rindenmulch ausgelegt sind, leiten. Eine 18 Hektar große Oase eröffnet sich, mit seltenen Tier- und Pflanzenarten. Die Pfade führen durch einen Tunnel aus Lianen und Birken, der im Sommer grün erstrahlt. Entlang der Stege tauchen vereinzelte Relikte auf: Eine Drehscheibe, eine ausgemusterte Dampflokmotive, Ruinen, ein alter Wasserturm und schlussendlich der ehemalige Rangierbahnhof mit Lokomotivhalle.

Weiter an der Lokomotivhalle entlang, gelangen wir zum südlichen Eingang des Parks. Zum Abschluss lohnt sich hier ein Abstecher zur Siedlung Lindenhof **05**. Orientiert an der „Gartenstadt" war diese Siedlung in den 1920er Jahren eine der bekanntesten in Berlin. Sie zeichnete sich durch die Möglichkeit der Selbstversorgung durch Gärten, zahlreiche Gemeinschaftseinrichtungen und parkähnliche Freiflächen mit Weiher aus.

Der Rückweg kann über den gleichen Weg angetreten werden, doch biegt man dann links neben der Lokomotivhalle ab und gelangt so zu einem weiteren Ausgang, der direkt im S-Bahnhof Priesterweg mündet.

Dein Moment für die Ewigkeit

Legal

Auf den Gasometer kommt man nur mit einer geführten Tour. Nicht nur von wo, sondern auch was man fotografiert sollte man sich vorab überlegen. Nicht jeder Bewohner und jede Gegend sieht es gerne, wenn man ihm die Kamera ins Gesicht hält. Genauso wie bei Personen muss man für manche Gebäude und ganze Gebiete die Fotorechte einholen.

11 Potsdams Schlösser, Burgen und Parks

Hier wandert du durch die Parkanlagen und vorbei an Schlössern die gemeinsam UNESCO-Welterbe sind. Schloss Babelsberg ist unter anderem Teil davon und der ehemalige Sommersitz von Kaiser Wilhelm I.

Bilder von: Isabel M. @venividiwander

Potsdam – Babelsberg – Cecilienhof

Tourencharakter

Diese faszinierende Landschaftspark-Wanderung erschließt mit Schloss und Park Babelsberg und dem Neuen Garten einige der schönsten Wanderziele in der Hauptstadt Brandenburgs. Wir folgen markanten historischen Spuren. Sie führen uns von der Kaiserzeit in Potsdam zum Ende des 2. Weltkriegs in Schloss Cecilienhof bis hin zum „Kalten Krieg" zwischen den Siegermächten an der Glienicker Brücke.

Start und Ziel

Potsdam, Hauptbahnhof Potsdam, Bahnhofspassagen. Mit dem Auto auf der BAB A115 bis Ausfahrt 4 Kreuz Zehlendorf und weiter auf der B1 nach Potsdam. In Potsdam der B1 zum Hauptbahnhof folgen. Mit der S-Bahn, Linie S7 von Berlin zum Hauptbahnhof Potsdam.

Schwierigkeit: **leicht** - mittel - schwer
Dauer: **3:00 h**
Länge: **12,3 km**
Aufstieg **50 hm**
Abstieg **50 hm**

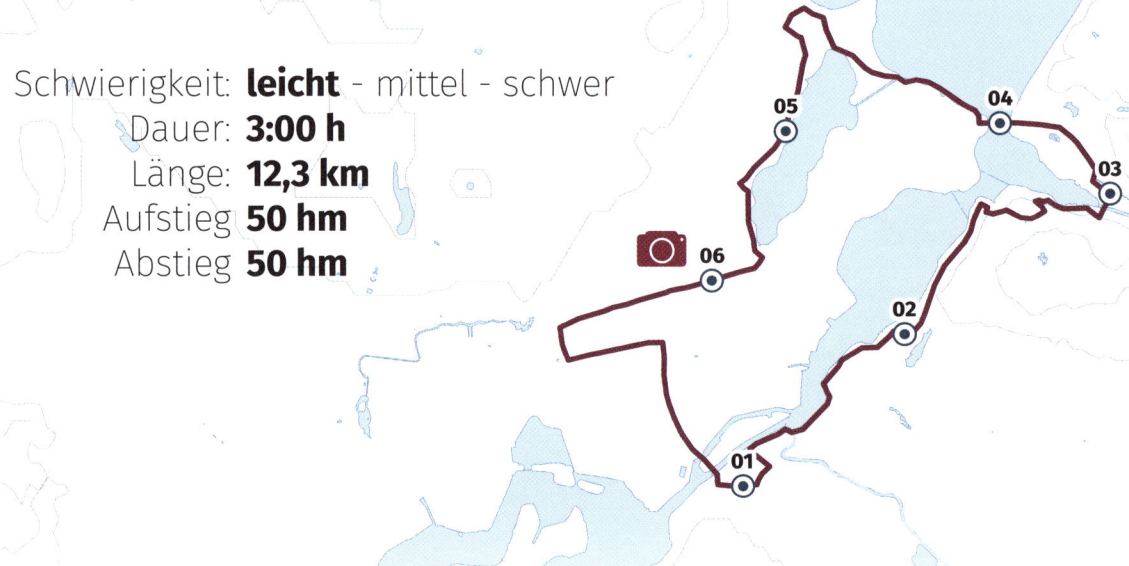

Höhenlinienmodell mit Streckenverlauf

Höhenprofil

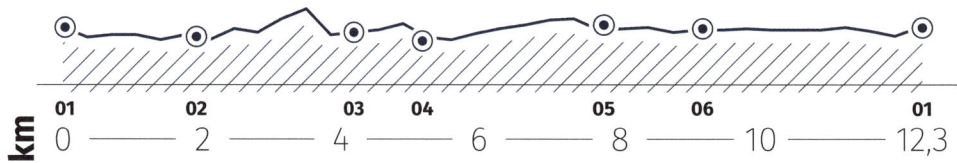

Wie verlassen den S-Bahnhof **01** Potsdam in Richtung der Bahnhofspassagen zur Babelsberger Straße hin. Links neben dem Bankgebäude führt der Weg durch den Nuthepark an das Ufer der Havel. Hier wenden wir uns nach rechts zum Haveluferweg an der Mündung der Nuthe in die Havel, über die die Nuthebrücke führt. Wir bleiben auf dem Hauptweg, der bald Havelstraße heißt. Am Gelände des Sportbootclubs Havelland halten wir uns links. Die Havelstraße führt uns unter der Straßenbrücke hindurch in den Park Babelsberg **02**. Am Strandbad

cke **03** den Teltowkanal nach Klein Glienicke. Wir gehen hinüber. Am Wartmanns-Café gehen wir nach links in die Waldseemüllerstraße zum Schloss Glienicke. Am Hauptportal nun entlang der B1 zur Glienicker Brücke **04**. Hier wurden zur Zeit des „Kalten Krieges" die Ost- und Westagenten ausgetauscht. Am Café und Ausstellungsort Villa Schöningen halten wir uns rechts entlang der Schwanenallee und gehen über den Hasengraben durch den Neuen Garten zum Schloss Cecilienhof. Hier fand vom 17. Juli bis 2. August 1945 die Potsdamer Konferenz

„Nach Potsdam, nach Potsdam! Das brauche ich um glücklich zu sein."

Preußenkönig Friedrich Wilhelm II. (1744-1794)

gehen wir rechts zum Kutscherhaus und dahinter dann links, an der Gärtnerei vorbei, auf einem schönen mit gelbem Sand belegten Weg zum Flatowturm. Der Turm passt gut zu einem Märchenschloss. Wir gehen rechts am Turm vorbei und schlendern zur Gerichtslaube, weiter zum Marstall zum Kleinen Schloss Babelsberg. Dort gibt es ein nettes Café. Frisch gestärkt schlendern wir zum Schloss Babelsberg mit seinen vielen Zinnen und Türmchen. Am Schloss vorbei stoßen wir am Ufer auf das Dampfmaschinenhaus. Vor uns überspannt die Parkbrü-

der Siegermächte des Zweiten Weltkrieges mit Churchill, Truman und Stalin statt. Vom Cecilienhof schlendern wir an das Ufer des Heiligen See zum Marmorpalais **05**, der Sommerresidenz von König Friedrich Wilhelm II., ganz aus schlesischem Marmor erbaut. Vom Palais aus gehen wir weiterhin am See entlang zur idyllisch gelegenen Gotischen Bibliothek. Rechts am Turmpavillon vorbei erreichen wir die Kreuzung mit der Kurfürstenstraße und gehen auf ihr Richtung Nauener Tor **06** **◯**. Linker Hand liegt das Holländische Viertel. Eine schöne

stilvolle kleine Welt inmitten von Potsdam, geprägt durch Backsteinhäuser. Geradeaus und inmitten der Hegelallee genießen wir das Potsdamer Ambiente. Am Eingang zum Schlosspark von Sanssouci halten wir uns links zum Brandenburger Tor am Luisenplatz. Das Triumphtor, durch das Friedrich der Große in die Garnisonsstadt einritt. Jetzt geht es zurück Richtung Ausgangspunkt durch die Fußgängerzone Brandenburger Straße zur Friedrich-Ebert-Straße. Nun rechts einschwenken, an der St. Nikolaikirche vorbei und über die Havelbrücken zum Hauptbahnhof Potsdam **01**.

Dein Moment für die Ewigkeit

Fluchtpunkt

Das Tor zieht von Haus aus die Aufmerksamkeit auf sich. Gemeinsam mit den Schienen und den Oberleitungen verstärkt sich dieser Effekt, weil das Tor als Fluchtpunkt dient. Suche solche imaginäre Linien und setze sie gekonnt ein. Aber Vorsicht – wenn du wie auf dem Bild auf der Straße stehst, vergiss den Verkehr nicht!

12 Wasser in Hülle und Fülle

Der 66-Seen-Wanderweg führt hier vorbei. Auf der Wanderung
starten wir am Scharmützelsee, gehen vorbei an zwei kleinen
Seen und gelangen an den Großen Storkower See.

Bilder von: Sebastian Weingart. @wunderwaldphoto

Bad Saarow – Kolpin – Storkow

Tourencharakter
Auf dem 66-Seen-Wanderweg durch das Storkower Land. Wald- und aussichtsreiche Feld-flurwanderung auf schmalen Waldwegen und -pfaden und sandigen Feldwegen.

Start und Ziel
Bahnhof Bad Saarow-Pieskow am Bahnhofsplatz in Bad Saarow; Bahnlinie Fürstenwalde – Bad Saarow; Anfahrt A 12 Berlin – Frankfurt a. d. Oder, Ausfahrt Fürstenwalde West und weiter Richtung Bad Saarow-Pieskow. Ziel in Storkow.

Schwierigkeit: **leicht** - mittel - schwer
Dauer: **3:25 h**
Länge: **15,6 km**
Aufstieg **90 hm**
Abstieg **80 hm**

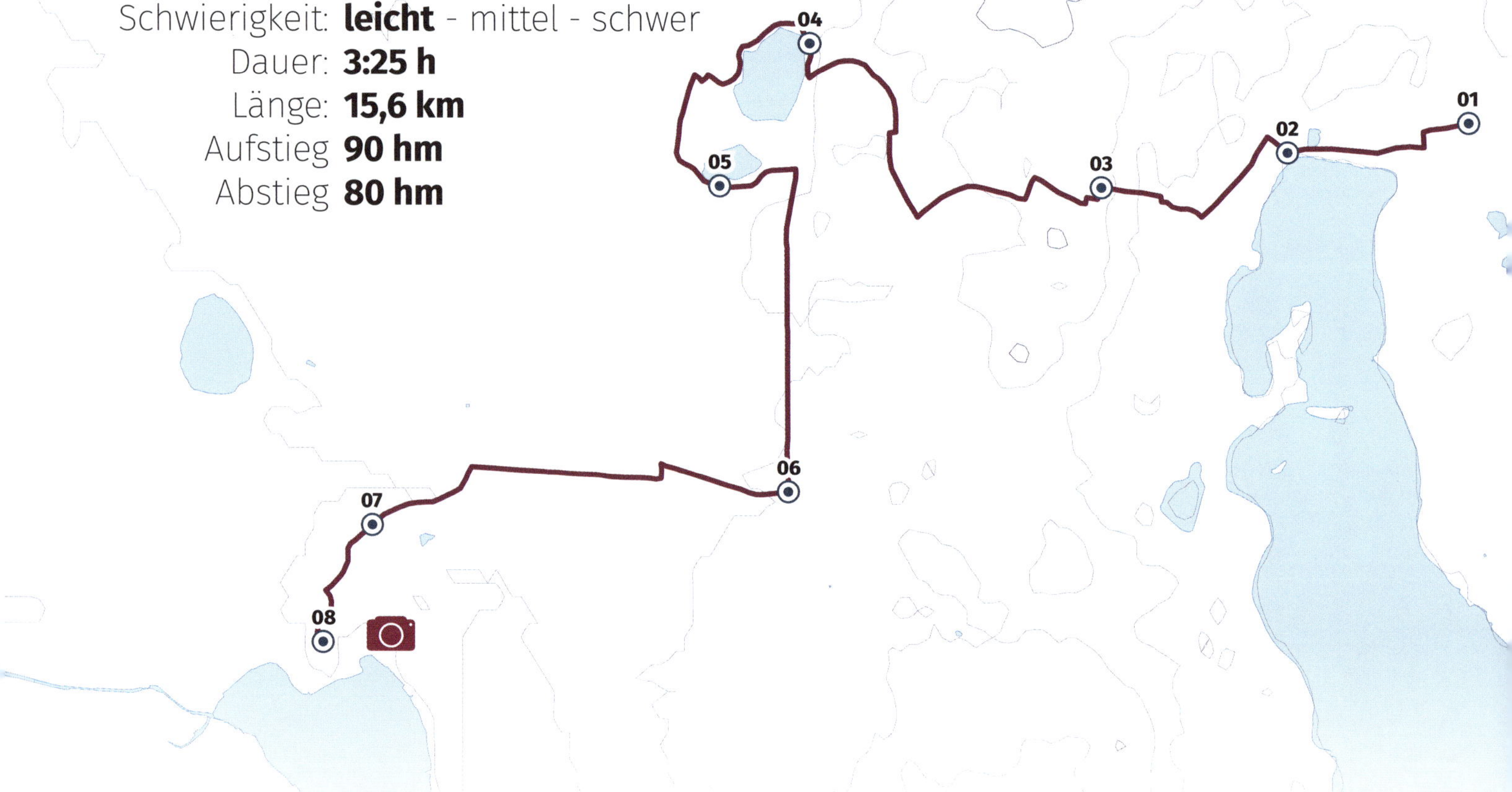

Höhenlinienmodell mit Streckenverlauf

Höhenprofil

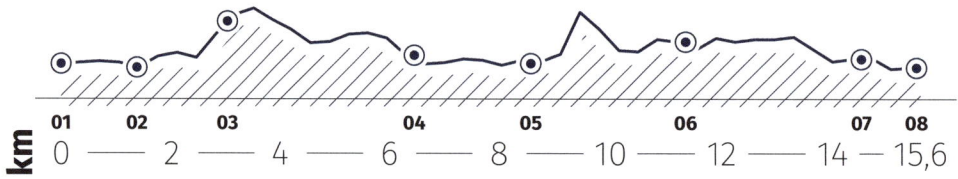

Brandenburg ist mit 2.857 gezählten Seen das seenreichste Bundesland.

Vom Moorheilbad Bad Saarow leitet der 66-Seen-Wanderweg durch Wälder und aussichtsreiches Grünland zu den Kolpiner Seen, führt an den Waltersbergen über eine der größten Binnendünen in Deutschland und erreicht die Schlossstadt Storkow, die ebenso wie der Ausgangsort Bad Saarow mit der Bahn erreichbar ist.

◼ Vom 1911/12 errichteten Bahnhof Bad Saarow-Pieskow **01** geht es geradeaus über den Bahnhofsplatz und durch die Ulmenstraße, an der gleich darauf die Blaupunkt-Markierung des 66-Seen-Wanderwegs auftaucht, links in den Kurpark abzweigt und am aussichtsreichen Ufer des Scharmützelsees rechts zur Anlegestelle der Ausflugsschiffe **02** führt. Hier verlässt der 66-Seen-Weg den See, führt aufwärts zu einem Parkplatz, dort

links und wechselt wenig später an der Bushaltestelle Lindenstraße auf einen Waldweg oberhalb der Häuser. Beim Parkplatz am Ende geht es rechts im Wald zu den aufgelassenen Tongruben an der Marienhöhe **03**, Tische und Bänke laden zur Rast ein. Auf dem Friedhofsweg verlässt der Wanderweg den Wald beim Gehöft Marienhöhe, taucht wenig später wieder in den Wald ein und erreicht schließlich das Ufer des Großen Kolpiner Sees **04**. Der Wanderweg folgt dem Ufer rechts herum an der Badestelle vorbei, mündet bei der Bushaltestelle Kolpin-Stadion in die Hauptstraße und folgt ihr links ins Zentrum von Kolpin, an der Verzweigung links Richtung „Reichenwalde" auf der Reichenwalder Chaussee am Kleinen Kolpiner See **05** entlang. In Ufernähe geht es ostwärts, bis rechts der schnur-

gerade Sandweg Am Forst/Triftweg abzweigt und im Wechsel aus Wald, Feldern und Gehölzen nach Reichenwalde **06** führt: Bei der Einmündung des Weges auf die Hauptstraße rechts und gleich darauf links hinaus in die Feldflur. Nach längerer Waldwanderung erreicht der Weg die Binnendüne Waltersberge **07**, deren höchster Punkt ein hervorragendes Panorama der Um-

gebung einschließlich des Storkower Sees bietet. Von der Düne geht es hinab zum Restaurant „Alter Weinberg", dessen Name daran erinnert, dass Teile der Düne früher als Weinberg genutzt wurden. Die Reichenwalder Straße führt ortseinwärts nach Storkow **08**. Den See entlang führt hier der Waldsteg **◉**, der noch einen Abstecher wert ist.

Dein Moment für die Ewigkeit

Führe den Betrachter

Ein Weg der von der Linse in die Ferne führt lädt den Betrachter ein, ihm zu folgen. So ist es auch mit dem Holzsteg, der sich von der linken Bildecke in den Hintergrund schlängelt. Versuche solche blickführenden Elemente in deinem Bildaufbau mit einzuplanen.

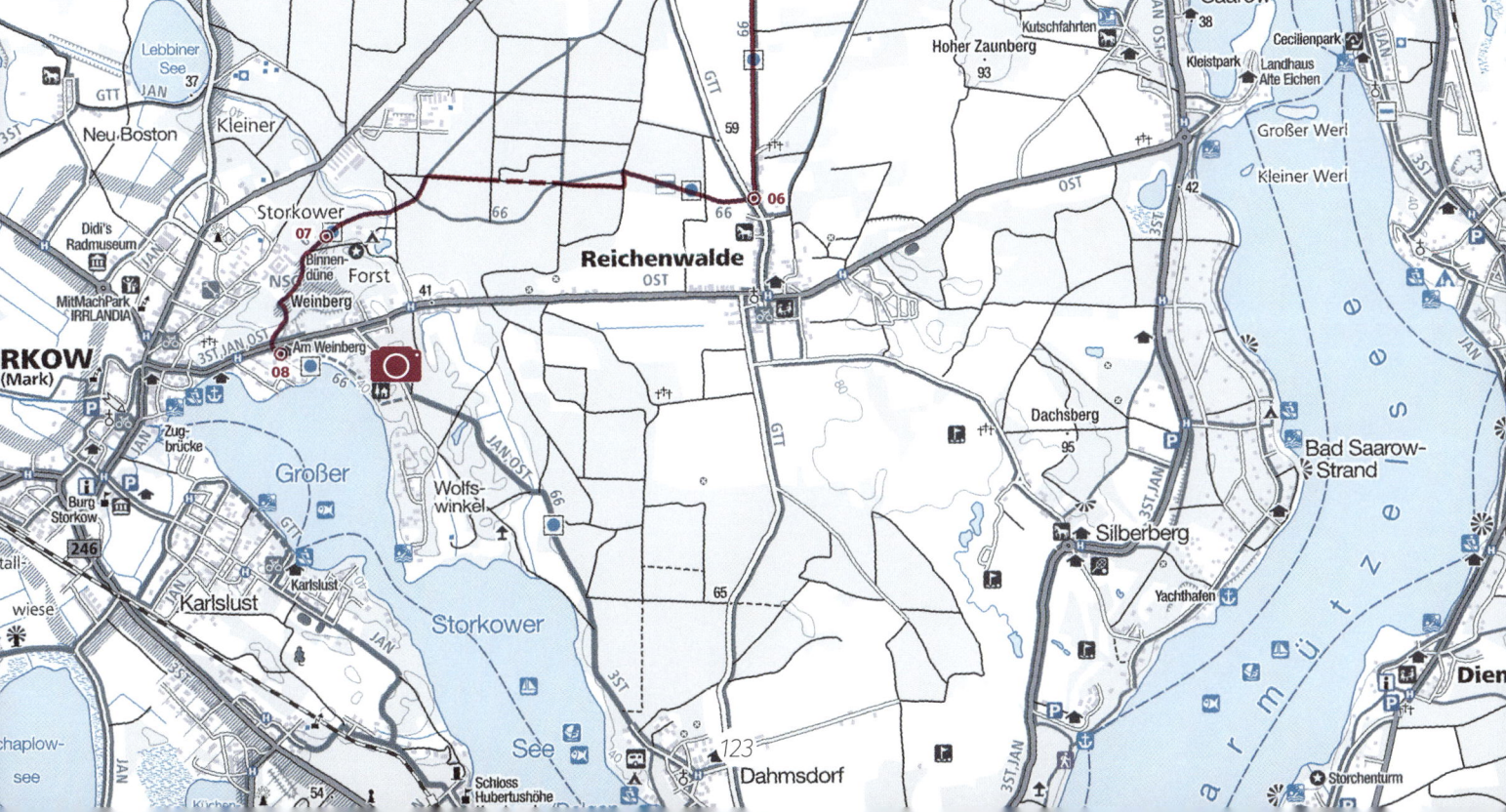

13 Bärenstarker Einstieg

Die Bärensteine erheben sich in nebliger Ferne, wenn man von der Bahnstation mit dem poetischen Namen Obervogelgesang losgeht. Nebulös bleibt auch, dass der Kleine Bärenstein um 11 Meter höher ist als der Große.

Bilder von: **Eric Friese** **@ericfriese**

Obervogelgesang – Bärensteine

Tourencharakter
Landschaftlich hervorragende Wald- und aussichtsreiche Grünlandwanderung auf überwiegend bequemen Wegen und Pfaden, teilweise Stufen/Treppen.

Start
S-Bahnhof Obervogelgesang (110 m) in Pirna-Obervogelgesang. Anfahrt auf der B 172 Dresden – Pirna – Bad Schandau, in Pirna abzweigen Richtung Struppen, in Struppen abzweigen Richtung Obervogelgesang; die Zufahrt ist eine für den öffentlichen Verkehr gesperrte Anliegerstraße, unten an der Elbwiese unterhalb des Gasthofs gibt es einen kleinen Parkplatz.

Ziel
Pötzscha, S-Bhf. Stadt Wehlen (115 m).

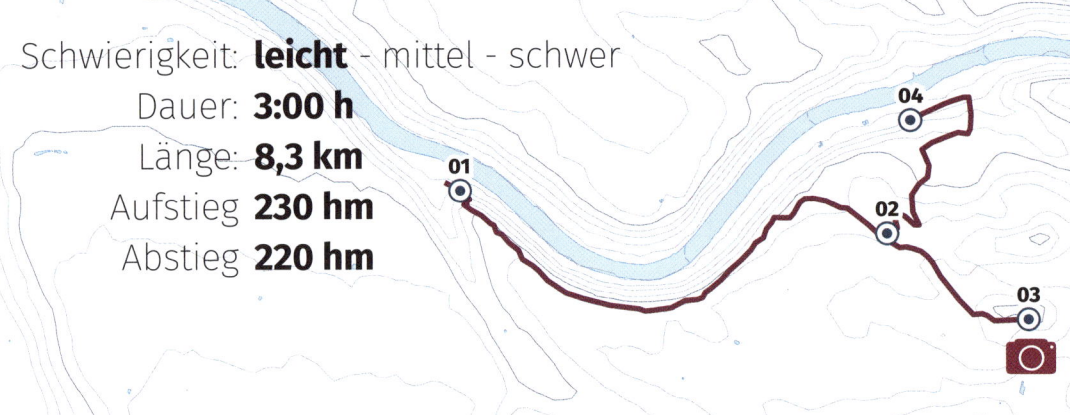

Schwierigkeit: **leicht** - mittel - schwer
Dauer: **3:00 h**
Länge: **8,3 km**
Aufstieg **230 hm**
Abstieg **220 hm**

Höhenlinienmodell mit Streckenverlauf

Höhenprofil

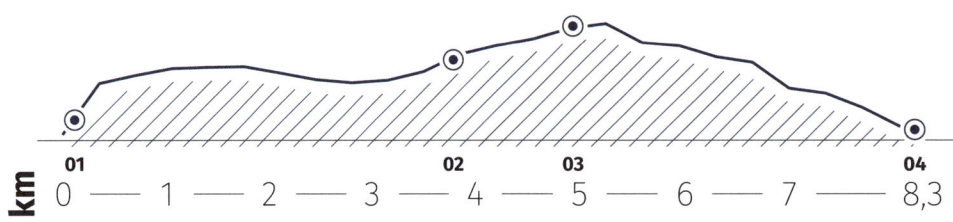

„Felsen sind zu Stein gewordene Musik."
Pythagoras von Samos (um 570–510 v. Chr.)

Diese abwechslungsreiche und einfache Tour ist die ideale Annäherung an das Elbs
andsteingebirge. Vom S-Bahnhof des kleinen Ortes Obervogelgesang führt diese naturschöne Streckenwanderung auf den linkselbischen Höhen zum aussichtsreichen Kleinen Bärenstein und hinab zum S-Bahnhof Wehlen in Pötzscha. Während der Wanderung, die mit Ausnahme weniger Punkte vergleichsweise wenig begangen wird, rücken nach und nach fast sämtliche Fels- und Bergschönheiten der Sächsischen Schweiz ins

Blickfeld, wobei der Lilienstein mit seiner markanten westlichen Schmalseite als beeindruckendste Gestalt erscheint.

▶ Zum Auftakt der Wanderung sollte man den 2-Minuten-Abstecher zur Elbwiese unterhalb vom Bahnhof und Gasthof Obervogelgesang **01** unternehmen. Hier befindet sich ein Rastplatz am Elberadweg (auf dem man von Pötzscha aus zurückwandern kann, wenn man nicht die S-Bahn nehmen will). Man hat einen schönen Blick auf die bewalde-

ten Steilhänge des Elbtals, direkt gegenüber zeigt sich zwischen Laubbäumen das Fährhaus Zeichen. Von der Elbwiese kehren wir zurück, unterqueren den Bahndamm – um am Fuß der steilen Felswände die Bahnlinie anlegen zu können, wurden Mitte des 19. Jhs. fast 2 km lange Stützmauern errichtet –, folgen der Rotpunkt-Markierung steil links hinauf zur Königsnase und genießen oberhalb der Felsen den ausgezeichneten Ausblick in das Elbtal. Weitgehend eben führt der Weg/Pfad durch die Wälder an der Abbruchkante hoch

über dem Elbtal sowie durch aussichtsreiche Wiesen, durchquert das Dorf Naundorf **02** und leitet hinauf zum Kleinen Bärenstein **03** 🔴.

Während der Rotpunkt-Weg weiter nach Königstein führt (dort besteht die Möglichkeit, mit der Bahn zurückzufahren), machen wir kehrt, gehen zurück nach Naundorf **02**, zweigen am Ortsrand rechts ab ("Rotstrich") und lassen uns durch den Damengrund nach Pötzscha **04** hinableiten.

Deine Blende

Die Blende beeinflusst, wie viel Licht durch das Objektiv fällt. Öffnest du die Blende (niedriger Wert), verkleinerst du auch den scharfen Bereich des Bildes. Mit einer Blendenöffnung von f/4 wird die Person scharf im einfallenden Morgenlicht eingefangen, während unmittelbarer Vordergrund und Hintergrund leicht verschwimmt.

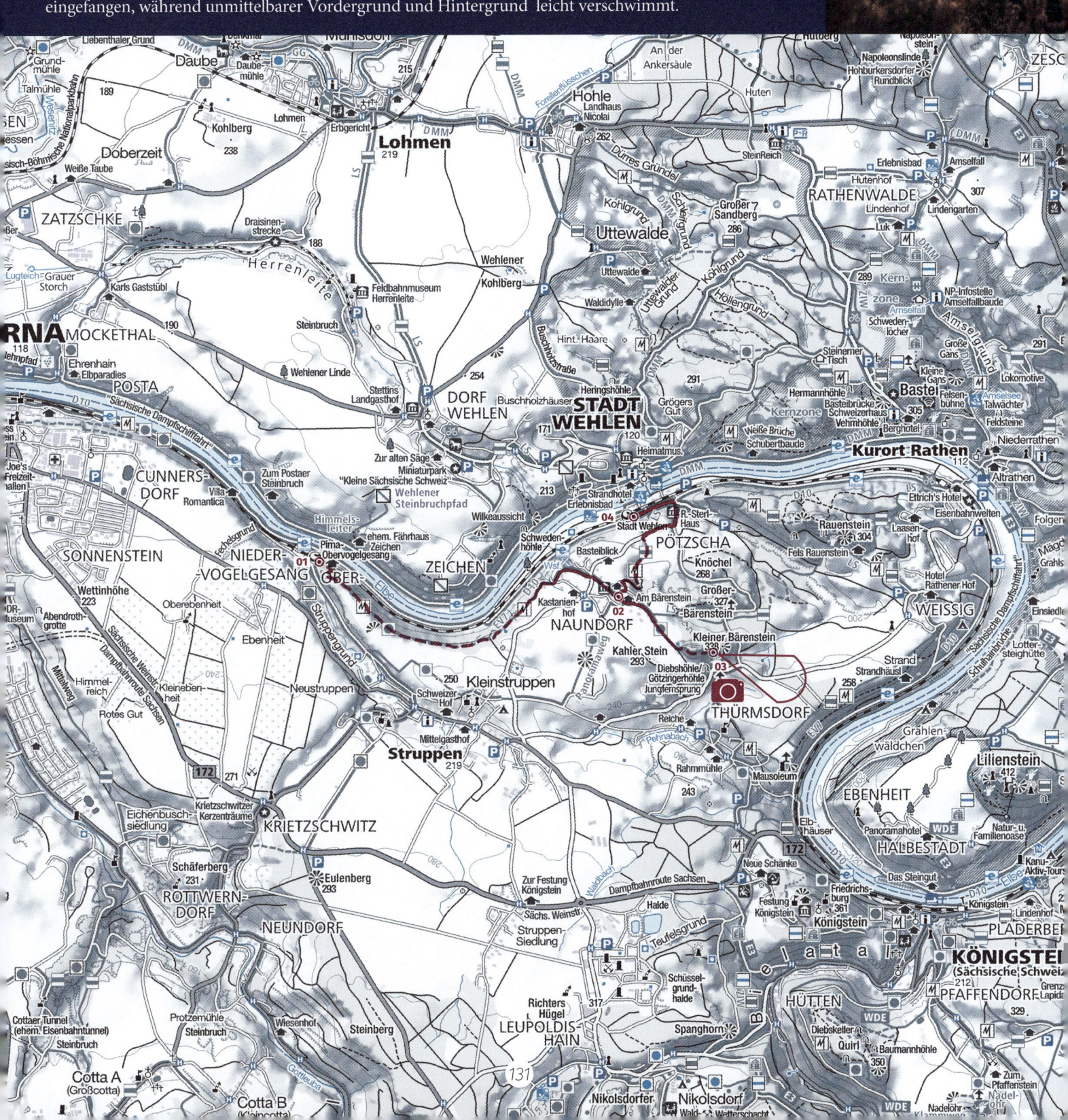

14 Magie seit 230 Jahren

Auf dem Fremdenweg sind schon die ersten Besucher der Hinteren Sächsischen Schweiz um 1790 ins Mühlen- und Fachwerkdorf Schmilka gewandert. Augenblicke wie diese werden auch sie begeistert haben.

Bilder von: **Sebastian Weingart**
@wunderwaldphoto

Lichtenhainer Wasserfall – Winterberg – Schmilka

Tourencharakter
Wald-, Wiesen- und Schluchtenwanderung auf Wegen, Pfaden und Steigen unterschiedlicher Beschaffenheit, teils mit Stufenanlagen.

Start
Lichtenhainer Wasserfall (190 m), Endstation der Kirnitzschtalbahn von Bad Schandau durch das Kirnitzschtal an der Kirnitzschtalstraße 11 im Ortsteil Lichtenhain der Gemeinde Kirnitzschtal.

Ziel
S-Bahnhof Schmilka-Hirschmühle (130 m).

Schwierigkeit: leicht - **mittel** - schwer
Dauer: **3:15 h**
Länge: **10,3 km**
Aufstieg **370 hm**
Abstieg **370 hm**

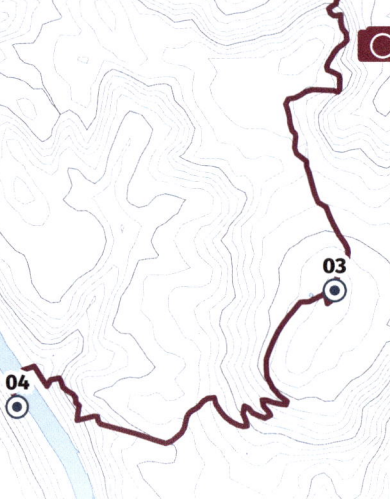

Höhenlinienmodell mit Streckenverlauf

Höhenprofil

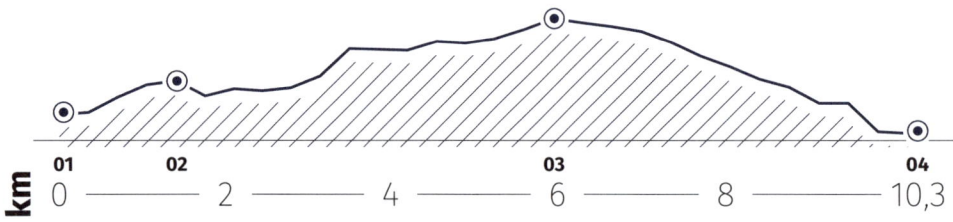

Der Fremdenweg vom Kirnitzsch- ins Elbtal ist die hochattraktive Alternative zur Durchquerung der Hinteren Sächsischen Schweiz. Vom Lichtenhainer Wasserfall im Kirnitzschtal führt die mit dem Rotpunkt markierte Route zur Kuhstall-Höhle und auf den Großen Winterberg, die höchste Erhebung der Sächsischen Schweiz rechts der Elbe, ehe er sich nach Schmilka im Elbtal hinabsenkt.

Die Anfahrt zum Lichtenhainer Wasserfall erfolgt ab Bad Schandau mit der Kirnitzschtalbahn, die Rückfahrt ab Schmilka mit der S-Bahn.

▶ Am Lichtenhainer Wasserfall **01** überquert der Rotpunkt-Wanderweg die Kirnitzsch und führt im Gleichlauf mit dem

Dein Moment für die Ewigkeit

Der richtige Ort

... und die richtige Zeit. Das sind mit Sicherheit zwei Faktoren die beinflussen, wie gut deine Fotos werden. Dramatische Sonnenaufgänge und -untergänge verlangen aber auch eine gute Tourenplanung, die richtige Ausrüstung (Stirnlampe) und Überwindung, um früh aufzustehen.

Malerweg und dem Flößersteig kurz flussaufwärts. Wenn sich der Flößersteig an der ersten Stufenanlage links verabschiedet, wechseln Rotpunkt-Wanderweg und Malerweg rechts hinauf in das Münzbachtal, überqueren den Bach auf einer Brücke und leiten an der gefassten Quelle Münzborn vorbei zum Kuhstall 02. Diese torartige Durchgangshöhle im Neuen Wildenstein diente im Dreißigjährigen Krieg den umliegenden Bewohnern samt Vieh als Zufluchtsstätte; darauf wird der Name Kuhstall für das 11 m hohe, 17 m breite und 24 m tiefe Felsentor zurückgeführt. Vom Kuhstall, der zu den be-

„Der Sinn des Reisens ist
es, an ein Ziel zu kommen,
der Sinn des Wanderns ist
es, unterwegs zu sein".

Theodor Heuss, deutscher Publizist
und erster Bundespräsident der BRD
(1884–1963)

kanntesten in Malerei und Fotografie dargstellten Motiven der Sächsischen Schweiz zählt, ist das weitläufige Gipfelplateau des Neuen Wildensteins auf der Himmelsleiter, einer Steiganlage mit 108 Stufen, zu erreichen. Hier befinden sich Reste der Burg Wildenstein und es wartet eine fantastische Aussicht. Stärkung bietet das Gasthaus Zum Kuhstall an. Der Rotpunkt-Wanderweg verlässt das Kuhstall-Gebiet auf einer längeren Stufenanlage und führt im Wald hinauf Richtung Winterberg zum Rastplatz Wettinplatz an der Kreuzung mit der Zeughausstraße und hier geradeaus aufwärts bis zur Kernzonengrenze des Nationalparks. Wenig später beginnt eine lange Stufenanlage, in der sich am Doppeltürmchen der Ausstieg des Unteren Fremdenwegs befindet. Die Rotpunkt-Markierung folgt dem Unteren

Fremdenweg an mehreren ausgeschilderten Aussichtspunkten vorbei über den Kleinen Winterberg ◻️ und mündet zwischen Kleinem und Großem Winterberg in den Reitsteig. Hier vereinigt sich der Fremdenweg vorübergehend mit der Blaustrich-Markierung des Europäischen Fernwanderwegs 3, und in gemeinsamer Routenführung geht es hinauf auf den Großen Winterberg **03**. Vom Großen Winterberg folgt die Rotpunkt-Markierung der Winterbergstraße abwärts zum Kipphorn (kurzer Abstecher), das noch einmal eine einmalige Aussicht gewährt. Nach einigen Serpentinen der Winterbergstraße zweigt der Rotpunkt-Weg links in den Erlsgrund ab und führt hinab in das Dorf Schmilka. Dort geht es mit der Fähre über die Elbe zum S-Bahnhof Schmilka-Hirschmühle **04**.

15 Senkrechtes Symbol

Die Barbarine, eine 42,7 Meter hohe und frei stehende Felsnadel im Massiv des Pfaffensteins, gilt als das Wahrzeichen der Sächsischen Schweiz. Welch ein Kontrast zu den flachen Zirnsteinen am Horizont!

Bilder von: **Anne Köhler** @anne.khlr

Königstein – Pfaffenstein –Barbarine

Tourencharakter
Insgesamt steile Wanderung, Steiganlagen am Pfaffenstein.

Start und Ziel
S-Bahnhof Königstein; Anfahrt auf der B 172 Dresden – Pirna – Königstein.

Schwierigkeit: leicht - **mittel** - schwer
Dauer: **3:00 h**
Länge: **8,4 km**
Aufstieg **320 hm**
Abstieg **320 hm**

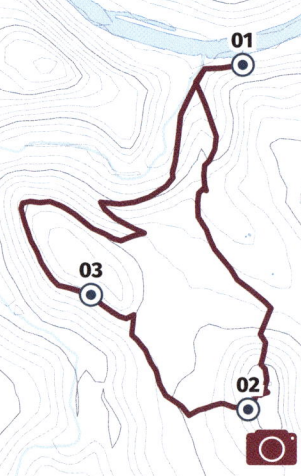

Höhenlinienmodell mit Streckenverlauf

Höhenprofil

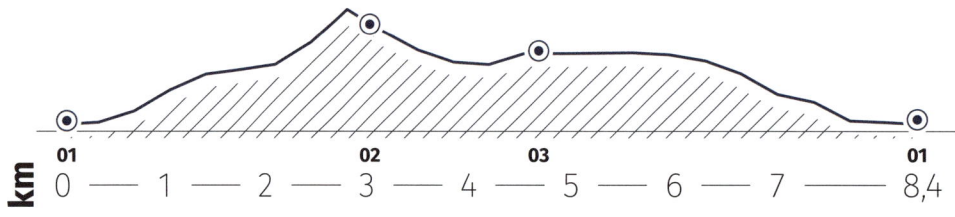

Von Königstein an der Mündung der Biela in die Elbe führt diese Wanderung über den zerklüfteten Pfaffenstein zum Quirl, wo uns mit der Quirlpromenade einer der schönsten Hochwaldsteige der Sächsischen Schweiz erwartet.

▶ Vom S-Bahnhof Königstein **01** gehen wir elbseitig der Bahnlinie wenige Meter flussabwärts, treffen beim Anleger der Elbfähre auf die Wanderwegweiser (Richtung „Pfaffenstein"), folgen der Bielatalstraße kurz aufwärts zur Kursächsischen Postdistanzsäule und biegen mit der Markierung. „Grünpunkt" links auf den Weg „Pfaffenberg" ab, der im Hang des Bielatals steil aufwärtsführt. Oben in Pfaffendorf mündet der Grünpunkt-Weg auf die serpentinenreiche Kreisstraße, folgt ihr kurz aufwärts, biegt an den Wanderwegweisern rechts ab und leitet hinauf zum Pfaffenstein **02**, wobei der steile Schlussanstieg durch das Nadelöhr auf einer Stufenanlage erfolgt. Auf dem zerklüfteten, bewaldeten Gipfelplateau lädt eine Bergwirtschaft zur Einkehr, der steinerne Aussichtsturm gewährt Aussicht ostwärts zu den Zschirnsteinen und zum Rosenberg, während sich elbabwärts bei klarer Sicht Dresden zeigt. Auf dem Plateau sollte man den ausgeschilderten Abstecher zur Barbarine (als Kletterfelsen seit 1975 gesperrt!) unternehmen, einer sagenumwobenen Felsnadel, die als ein Wahrzeichen der Sächsischen Schweiz gilt 📷. Nach dem Nadelöhr und vor der Gaststätte rechts abbiegen zum ausgeschilderten Opferkessel.

Bei der Gastwirtschaft sind mehrere Abstiegsvarianten ausgeschildert (z. B. der abenteuerliche Klammweg), wir folgen der „bequemen", die sich wiederum verzweigt. Die Varianten treffen unterhalb des Jäckelfelsens in der Nähe einer als Kleiner Kuhstall bezeichneten Trümmerhöhle wieder zusammen. Hier am Westfuß des Pfaffensteins finden sich auch die Reste einer bronzezeitlichen Wallanlage. An der Verzweigung unterhalb der Wallanlage folgen wir der Rotpunkt-Markierung weiter abwärts, wechseln in den Hang über dem Tal des Cunnersdorfer Bachs und umrunden auf der Quirlpromenade den Quirl **03**, den Tafelberg mit dem größten Sandsteinplateau der Sächsischen Schweiz; früher befanden sich hier Fel-

der. Kurz nach Passieren eines Sandsteintrogs kann man auf dem Kanonenweg einen Abstecher auf das Plateau unternehmen und im Südosten die Quirlaussicht genießen. Wer weiter über das Quirlplateau streift, trifft auf Verwitterungsformen, die mit Namen wie Feuerpfanne, Teufelssitz und Opferbecken bezeichnet sind. Die 29 m lange und bis zu 4 m hohe Diebshöhle (Diebskeller) auf der Nordostseite des Quirls ist die größte Schichthöhle des Elbsandsteingebirges. Kurz nach der Diebshöhle zweigt die Rotpunkt-Markierung scharf links ab und leitet hinab nach Königstein 01.

Dein Moment für die Ewigkeit

Hingucker

Jeder kennt vermutlich das Phänomen von zu vielen Fotos, über die man im Nachhinein meist nur drüberklickt. Hängen bleibt man bei den Bildern, auf denen Personen zu sehen sind. Es muss nicht immer das perfekt inszenierte Bild sein. Den Moment mit Freunden einfangen bringt dich später zum Lachen.

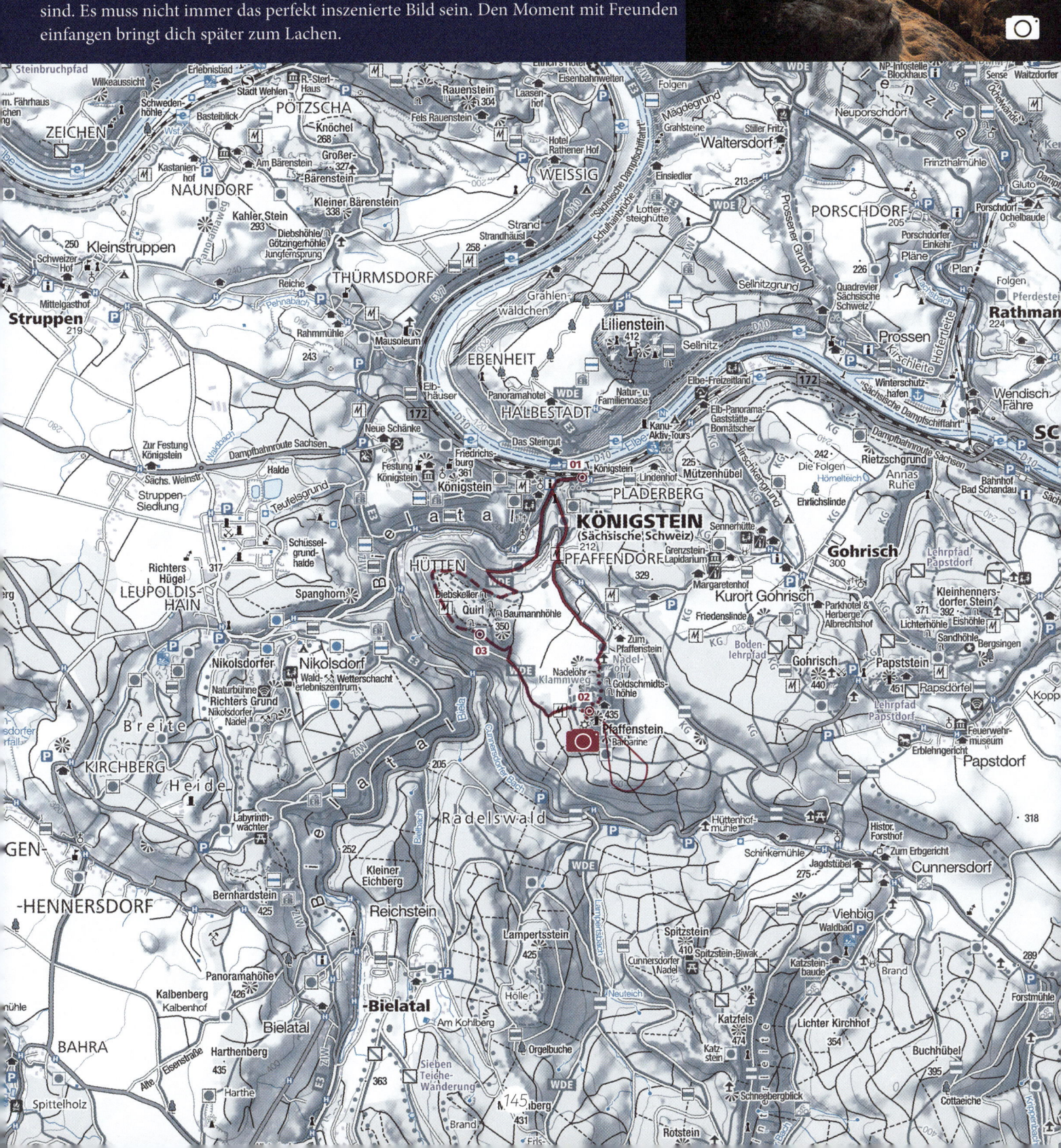

16 10 Kilometer taleinwärts

Das Bodetal bei Thale gilt als die größte und tiefste Felsschlucht des Harzes. Das Flüsschen, das am Brocken entspringt, hat sich auf eindrucksvolle Weise in das bis zu 400 Millionen Jahre alte Granit- und Grauwackengestein eingeschnitten.

Bilder von: Janis Wieczorek
@janiswieczorek

Bodetal – Treseburg

Tourencharakter
Talwanderung auf teils steilen und schmalen Pfaden.

Start und Ziel
Zentraler Wandertreff Thale (180 m) gegenüber vom Bahnhof an der Bahnhofstraße. Anfahrt
B 81 Halberstadt – Nordhausen. Bahn/Bus: Busse in alle größeren Orte. Abfahrtszeiten in
Treseburg checken!

Schwierigkeit: leicht - **mittel** - schwer
Dauer: **3:30 h**
Länge: **19,2 km**
Aufstieg **223 hm**
Abstieg **223 hm**

Höhenlinienmodell mit Streckenverlauf

Höhenprofil

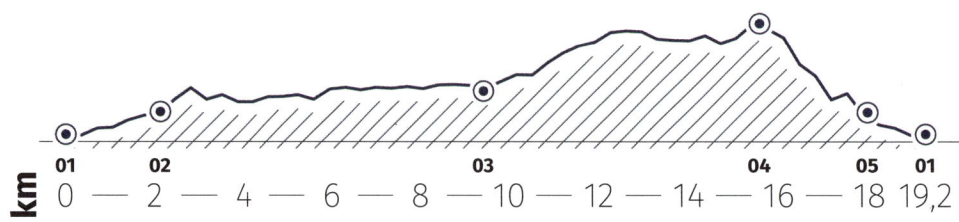

„Schaut in die Klüfte des Berges hinein,
Ruhig entwickelt sich Stein aus Gestein".

Johann Wolfgang von Goethe (1749–1832)

Die faszinierende Wanderung durch das Bodetal, eine der bedeutendsten deutschen Schluchten außerhalb der Alpen, verbinden wir mit dem Besuch des Rosstrappenfelsens, von dem der Europäische Fernwanderweg 11 zurück ins Bodetal führt.

▶ Vom zentralen Wandertreff an der Bahnhofstraße gegenüber vom Bahnhof beim Friedenspark in Thale **01** geht es bodeaufwärts zum autofreien Gasthaus Königsruhe **02**. Hier endet der promenadenartige Teil des Bodewanderwegs, der sich nun in einen teilweise gesicherten, steinigen Steig verwandelt.

Nach Passieren der Schurre-Einmündung (die Abstiegsroute) und Überqueren der Teufelsbrücke (Blick zum Rosstrappenmassiv) erreicht der Steig den Bodekessel (Strudellöcher, Wasserfall im 19. Jh. gesprengt) und schwingt sich in Serpentinen aufwärts durch den Bodekesselrücken. Oben bietet sich an einer Sitzbank ein großartiger Blick in das Schluchttal der Bode

149

und zum Rosstrappenfelsen . Vom Kesselrücken führt der Steig im bewaldeten Steilhang wieder hinab und folgt der Bode hoch über dem Steilufer im Laubwald aufwärts zur Raststelle an der Mündung des Kästenbachs. Am oberen Ende des Bodetal-Naturschutzgebiets erreicht der Wanderweg das Bergdorf Treseburg **03** an der Mündung der Luppbode. Im kleinen Ferienort gibt es mehrere Einkehrmöglichkeiten, die Bushaltestelle befindet sich bei der Tourist-Information. Die Haltestelle wird von zwei Buslinien bedient; beide fahren über die Rosstrappe, eine fährt weiter nach Thale.

Mit dem Bus fahren wir zur Rosstrappe **04**, steigen am Parkplatz (Andenken-/Imbisskioske) aus, gehen am Hotel vorbei (toller Harzvorland-Ausblick von der Terrasse) und folgen der Markierung „x" des E 11 kurz abwärts; wo das „x" rechts abzweigt, gehen wir kurz geradeaus zum geländergesicherten Rosstrappenfelsen mit fantastischem Tiefblick ins Bodetal und hinüber zum Hexentanzplatz.

Von der Rosstrappe geht es zurück zum Berghotel Rosstrappe, vor dem der Abstieg ins Bodetal ausgeschildert ist. Der Präsidentenweg senkt sich im Wald durch den Hang, anfangs in Serpentinen und mit eindrucksvollen Tiefblicken, unterquert die Trasse des Sessellifts und vollzieht vor der ersten Straße eine Spitzkehre nach rechts. Bald nach erneutem Unterqueren des Sessellifts mündet er in den bekannten Weg im Bodetal **05**.

Dieser führt flussabwärts zurück zum Ausgangspunkt in Thale **01**.

Dein Moment für die Ewigkeit

Fernwirkung

Überleg dir was du zeigen willst und passe den Bildausschnitt danach an. Du hast die Möglichkeiten zwischen Panorama – Supertotale – Totale – Halbtotale – Halbnah – Nah – Großaufnahme – Detail zu wechseln. Es handelt sich hier um kein klassisches Panorama. Es wird nur ein Ausschnitt der Landschaft herausgenommen.

17 Top of Harz

Auf den Brocken, dem höchsten Gipfel des deutschen Nordens, ziehen mehrere Pfade. Der steilste und unwegsamste führt durch das wildromantische Eckerloch, in dem man um Trittsicherheit ganz froh ist.

Bilder von: Janis Wieczoreck @janiswieczorek

Brocken über Eckerlochstieg

Tourencharakter
Schöne Bergwanderung im Nationalpark, teilweise auf steilen Fels- und Wurzelweglein, die festes Schuhwerk erfordern.

Start und Ziel
Schierke (613 m) Rathaus, Bushaltestelle und Parkplätze an der Brockenstraße neben der Kurverwaltung und dem Nationalpark-Infozentrum im Ortsteil Schierke von Wernigerode. Bahn/Bus: Bus Wernigerode – Elend – Schierke und Braunlage – Schierke. Brockenbahn Drei Annen Hohne – Schierke – Brocken.

Schwierigkeit: leicht - **mittel** - schwer
Dauer: **5:00 h**
Länge: **13,3 km**
Aufstieg **529 hm**
Abstieg **529 hm**

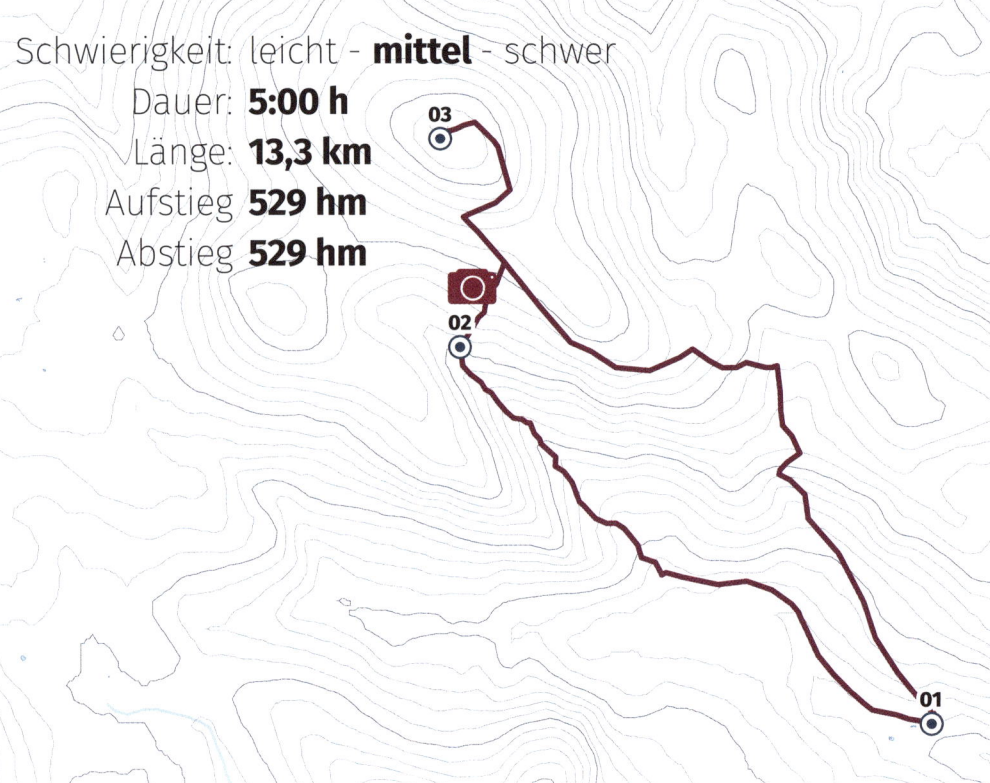

Höhenlinienmodell mit Streckenverlauf

Höhenprofil

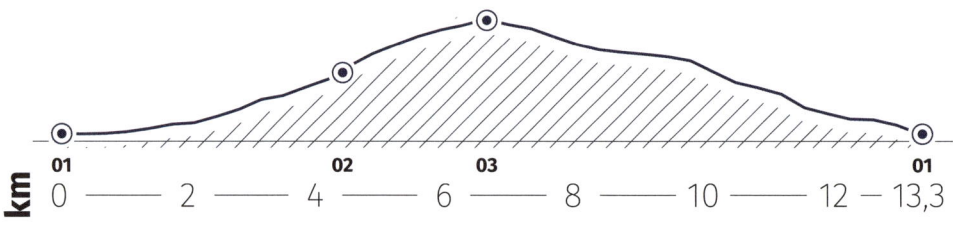

Seit Juli 1992 können unsere Gäste wieder den höchsten Gipfel Norddeutschlands mit unseren rund 700 PS starken Dampfrössern erklimmen. Als reine Adhäsions-bahnen, also ohne Zahnräder oder ähnliche Hilfsmittel, meistern unsere Dampflokomotiven dies mehrfach täglich.

www.hsb-wr.de, die Webseite der Harzer Schmalspurbahnen

Der recht steile Steig durch das Eckerloch im Südhang des Brockens ist ein beliebter Zustieg zum höchsten Gipfel des Harzes. Steine und Wurzeln erfordern festes Schuhwerk.

▶ Vom Rathaus in Schierke **01** führt die Brockenstraße mit schönen Wurmberg-Blicken in sachtem Anstieg aufwärts und tritt beim Großparkplatz am Ende des für den öffentlichen Verkehr zugelassenen Bereichs der Brockenstraße in den Nationalpark ein, wobei wir zunächst weiterhin auf der

Brockenstraße bleiben (in Richtung „Eckerloch"). Zwischen den Bäumen fällt der Blick hinaus auf die Schluftwiesen im Tal der Kalten Bode. Das Wort „Schluft" bedeutet „Schlucht" und verweist auf den Schluchtcharakter des vom Schwarzen Schluftwasser durchflossenen Eckerlochs. Das in einem Quellmoor am Südhang des Brockens entspringende Schluftwasser mündet hier in die Kalte Bode, kurz oberhalb der Mündung verlässt der Wanderweg die Brockenstraße und wechselt bei einem alten Wasserwerk rechts hinauf ins steile

Tal des Schluftwassers. Recht steil führt der Weg in Fichtenforsten, die in naturnahe Wälder umgewandelt werden sollen, aufwärts, begleitet vom Plätschern des Bachs. Nach Queren der Brockenstraße steigt der Waldweg noch etwas an, dann erreicht er nach Queren der Brockenbahntrasse den Rastplatz mit Schutzhütte imEckerloch **02**. Passagenweise auf Bohlenwegen 📷 führt der Eckerlochstieg weiter aufwärts und mündet schließlich bei der Knochenbrecherkurve auf die für den öffentlichen Verkehr gesperrte Brockenstraße. Sie führt am Brockenbahnhof vorbei zum Brockengipfel **03**. Um nach Schierke zurückzukehren folgen wir der Brockenstraße im Hang der Heinrichshöhe abwärts, kurz nach Passieren einer Toilette bei einer Borkenkäfer-Informationstafel wechseln wir rechts auf den Wanderweg Kabelgraben, treffen nach kurzem, steilem Abstieg wieder auf die Brockenstraße, folgen ihr kurz weiter abwärts und zweigen an der nächsten Kurve auf den mit dem Zeichen „Grün-x" markierten Wanderweg Alte Bobbahn ab. Er führt steil hinab und quert die Trasse der Brockenbahn, dann leitet der bequeme Neue Weg zurück nach Schierke **01**.

Dein Moment für die Ewigkeit

Nutze die Umgebung

Der Himmel blendet dich, die Landschaft ist eintönig oder es stört dich etwas in deinem Bildausschnitt? Dann nutze deine Umgebung. Gibt es Blumen, einen Baum oder sonst etwas, was du im Vordergrund positionieren kannst? Damit kannst du auch störende Bereiche geschickt überdecken oder die Sonne abdunkeln so wie hier mit den Fichtenzweigen.

157

18 Wald & Welterbe

Am Ufer des Okerstausees befindet sich der Wendepunkt einer wunderschönen Rundtour, die in der Weltkulturerbestadt Goslar ihren Anfang nimmt.

Bilder von: **Annemarie Dunkel**
@lafotografia.harz

Goslar – Okertal – Rammelsberg

Tourencharakter
Im Okertal teilweise gesicherte Felssteige bzw. Wald- und
Wurzelwege, ansonsten fahrradfähige Forstwege.

Start und Ziel
Parkplatz am oberen Ende der Schützenstraße am Rand von Goslar.
In Goslar von der B 241 am Schützenplatz auf die Schüt-
zenstraße abzweigen. Bahn/Bus: Keine Bushaltestelle.
Von der Altstadt (Bahnhof) führt die Markierung „Blau-
punkt" über Nebenstraßen zum Ausgangspunkt.

Schwierigkeit: leicht - **mittel** - schwer
Dauer: **6:30 h**
Länge: **20,5 km**
Aufstieg **498 hm**
Abstieg **498 hm**

Höhenlinienmodell mit Streckenverlauf

Höhenprofil

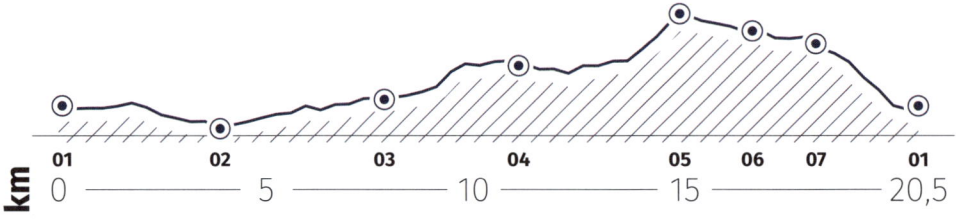

Von der Weltkulturerbestadt Goslar am Harznordrand folgt diese Wanderung dem Europäischen Weitwanderweg E6 durch das imposante Okertal, das berühmteste Tal des Westharzes, zum Okerstausee, dem „Vierwaldstätter See" des Harzes. Der Rückweg führt über den aussichtsreichen Rammelsberg, dessen historische Bergwerksanlagen ebenfalls als Weltkulturerbe unter Schutz stehen.

▶ Vom Ausgangspunkt in Goslar **01** folgen wir der schmalen Straße geradeaus in sachtem Abstieg. Nach wenigen Metern endet der für den öffentlichen Verkehr zugelassene Bereich an einem Werkstor, wir treten in einen aussichtsreichen Hang und erreichen eine Verzweigung.

Während der E11 links abzweigt, folgen wir dem E6 (Markierung „x") auf dem fahrradfähigen Weg geradeaus mit schönem Blick über das Gelmketal, das der Weg durchschreitet, um dann in bewaldeten Hängen in das Okertal einzuschwingen, wo die Ausflugsgaststätte Waldhaus **02** zur Einkehr lädt.

Am hinteren Ende des Parkplatzes führt der E6 weiter talaufwärts, leitet auf einem geländergesicherten Steig durch das auch zum Klettern aufgesuchte Massiv der Adlerklippen, dann zwingen ihn die Kraftwerksanlagen zu einer Passage direkt neben der Bundesstraße. Aber ab der Verlobungsinsel (schöner Rastplatz mitten im Fluss, erreichbar über eine Brücke) erwartet uns wieder ein naturnaher, teilweise idyllischer Weg, der passagenweise geländergesichert im Steilhang verläuft und einige faszinierende Aufblicke zur Feigenbaums- und zu anderen Klippen gewährt, ehe am Romkerhaller Wasserfall **03** wieder Einkehrmöglichkeit besteht.

Hier befindet sich auch eine Bushaltestelle, und wenn der Bus nicht lange auf sich warten lässt, sollte man nicht zögern und sich bis zum Okerstausee fahren lassen, denn ab der Romkerhalle folgt der E6 der Bundesstraße auf der gefährlichen Haltespur, ehe er wieder rechts in den Wald hinaufführt und an der Rabenklippe vorbei zum Okerstausee leitet. An der Brückenschänke **04** befindet sich die nächste Einkehrmöglichkeit. Während die E6 die Brücke über den See in Richtung Altenau überquert, folgen wir kurz der Landstraße (Fußweg) Richtung Schulenberg und biegen am Parkplatz hinter der Brücke rechts auf den Wanderweg in das Bramketal Richtung „Goslar" ein. Der fahrradfähige Forstweg (gelbes Dreieck) führt steil hinauf zum Dicken Kopf **05** und weiter (Grünpunkt) im Waldhang des Sidecum zur Waldschrathütte **06**, einem schönen Rastplatz. Von hier führt die Grünpunkt-Markierung auf einem aussichtsreichen Hangweg (Blick zum Herzberger Teich) zur Rammseck-Aussichtskanzel **07** 📷 und senkt sich dann weiter hinab.

An der Weggabelung vor den Gebäuden des Ausbildungszentrums gehen wir rechts zum Ausgangspunkt zurück.

„Träume sind Brücken zwischen Himmel und Erde".

Andreas Tenzer, deutscher Philosoph und Pädagoge

Blaublütige Bergwelt – hier gibt es sogar einen Roßkaiser.

Dein Moment für die Ewigkeit

Sprenge den Horizont

Der Himmel zeichnet einen prächtigen Farbverlauf. Damit dein Model zur Geltung kommt musst du es so platzieren, dass es sich klar von seiner Umgebung und dem Hintergrund abgrenzt. Gerade am Abend wenn du gegen das Licht fotografierst bietet es sich an, die Person in den Horizont hineinragenzulassen.

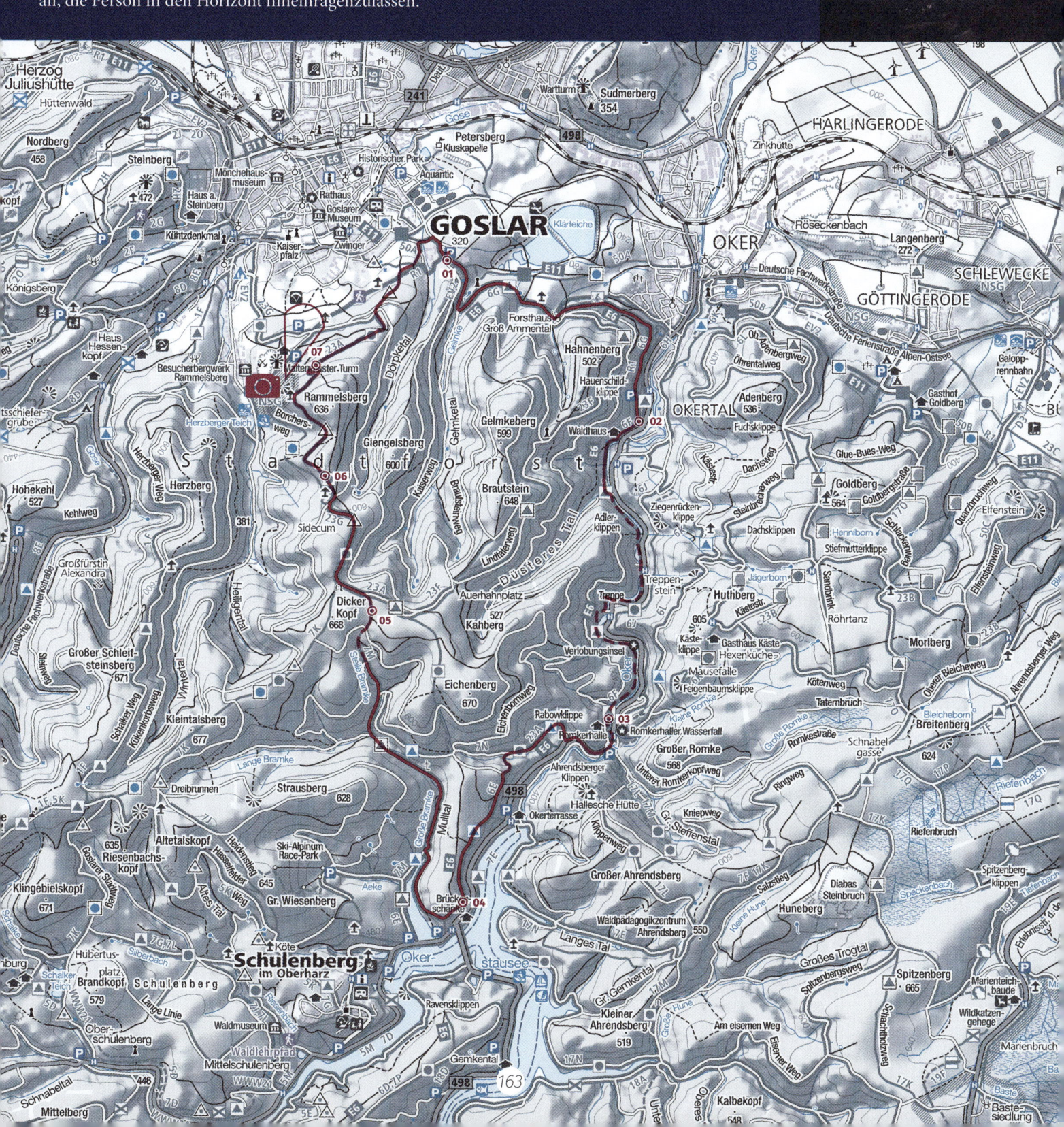

19 Kunst auf dem künstlichen Berg

Papst Johannes Paul der II. kam am 2. Mai 1987 zu Besuch zur Zeche Prosper-Haniel. Damals war der Steinkohleabbau noch im vollen Gange. Seit 2018 wurde das Bergwerk stillgelegt. Auf dem Plateau der Halde befindet sich heute ein Amphitheater und 100 farbenfrohe Totems.

Bilder von: Maren Hildebrand @marenclaudine

Halde Haniel

Tourencharakter
Eine ausgedehnte Rund- und Haldenbergtour, die unterwegs mit Kunstinstallationen, Spuren der Geschichte und landschaftlichen Highlights für viel Abwechslung sorgt. Da die Tour an vielen Stellen variiert und abgekürzt werden kann, ist sie trotz einiger Höhenmeter familientauglich.

Start und Ziel
Parkplatz an der Bushaltestelle Everslohstraße, 66 m, weitere Parkplätze 100 m nördlich an der Kirchhelllener Straße, Anreise mit ÖV via Bus 952 von und nach Sterkrade-Bahnhof, Oberhausen.

Schwierigkeit: leicht - **mittel** - schwer
Dauer: **2:30 h**
Länge: **8,4 km**
Aufstieg **260 hm**
Abstieg **260 hm**

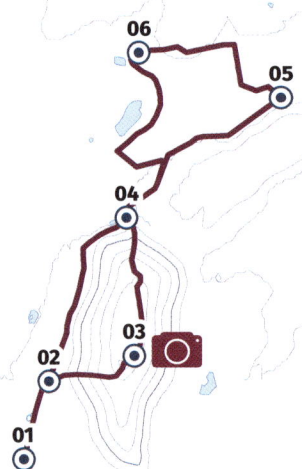

Höhenlinienmodell mit Streckenverlauf

Höhenprofil

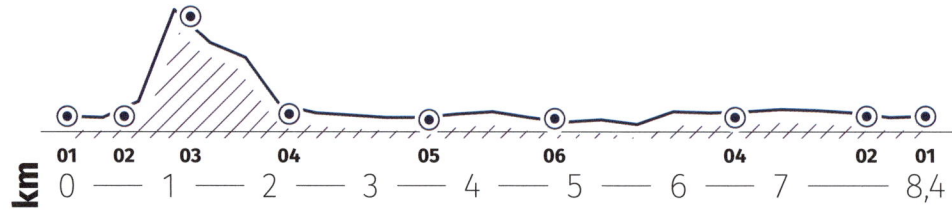

Die Totems auf der Halde wurden 2002 von Agustín Ibarolla, einem baskischen Künstler, installiert. Die bemalten Totems sind aus alten Eisenbahnschwellen gefertigt. Die 100 bunten Skulpturen verleihen dem Ort einen eindrucksvollen Kontrast.

Mit etwa 118 Metern Höhe über der Umgebung ist die Halde Haniel die höchste ständig zugängliche Halde im Ruhrgebiet. Das und ihre zentrale Lage an der Stadtgrenze von Bottrop und Oberhausen verspricht eine äußerst lohnende Aussicht. Wir erklimmen die Halde gleich zu Beginn und drehen dann zur Vertiefung der Eindrücke eine Runde durch das Naturschutzgebiet Grafenmühle zu ihren Füßen.

▶ Startpunkt ist die Haltestelle mit dem Parkplatz **01**, von wo wir uns links/nordwärts auf der Kirchhellener Straße halten. An einem weiteren Parkplatz **02** biegen wir rechts

ab und halten direkt auf die Halde zu. Es gibt hier mehrere Aufstiegsmöglichkeiten zur Auswahl. So könnten wir auch weiter südlich über den deutlich flacheren, dafür aber zeitaufwändigeren Kreuzweg aufsteigen. Nehmen wir die direkte, sportliche und kurze Variante, sind wir in schweißtreibenden 10 bis 15 Minuten oben auf dem Plateau **03** angekommen ◼. Dort erblicken wir erst die Greifer-Skulptur, dann, ganz oben, das Amphitheater, das wie ein kleiner Vulkankrater in den Gipfel eingelassen ist. Wir umrunden den „Krater" gegen den Uhrzeigersinn und genießen eine umwerfende Aussicht.

Es geht nun leicht bergab und wir kommen an dem kleinen See vorbei, der sich hier oben nach und nach bildet. Wir halten uns weiter an der rechten Seite an der Oberkante des Plateaus, um an seine gegenüberliegende Nordseite zu gelangen. Dort kreuzen wir zwei breite Fahrwege, bevor wir das Plateau verlassen und absteigen. Auch hier gibt es wieder mehrere Möglichkeiten, wir wählen wieder den direkten, steileren Trampelpfad. Hier sind weniger Mountainbiker unterwegs als auf den flacheren Querwegen.

Unten angekommen könnten wir die Tour beenden, indem wir einfach am Fuß der Halde **04** links zurück zum Ausgangspunkt wandern. Es empfiehlt sich aber, die folgende Schleife noch mitzunehmen und das Wandererlebnis so erst richtig „rund" zu machen. Wir halten uns also rechts und folgen dem breiten Weg zu einer Kreuzung mit Infotafel. Hier geradeaus weiter, sodass wir links an der Halde Schöttelheide vorbeigehen. Etwa 1,3 km legen wir am Fuß der Halde zurück, bis wir an einer Abzweigung links auf den Wanderweg X22 **05** in das NSG Grafenmühle abbiegen. Wir folgen dann dem X22 nun durch den Grafenwald.

Kurz vor der Straße „Zur Grafenmühle" halten wir uns links und parallel zur Straße im Wald, dem Waldweg Richtung Grafenmühle folgend. Die Grafenmühle **06** und der Teich laden zur Rast oder Einkehr ein.

Unser Weg biegt vor dem Grafenmühler Teich scharf links ab und folgt als Drei-Bäche-Pfad dem Ebersbach mehreren Bachverläufen. Zwei kleine, dicht aufeinanderfolgende Abzweigungen lassen wir links liegen, bevor wir nach weiteren etwa 400 m links abbiegen. Wir befinden uns nun auf dem Weg zur Halde Schöttelheide und treffen an deren Fuß auf unseren Hinweg. Wir folgen diesem bis zum Fuß der Halde Haniel **04**, die wir nun links liegen lassend passieren. Dabei können wir dem breiten, flachen Weg oder dem leicht auf und ab führenden Pfad am Hangfuß folgen. Beide führen uns zurück zum Parkplatz **01** an der Kirchhellener Straße sowie zum Start/Zielpunkt unserer Wanderung.

Dein Moment für die Ewigkeit

Dämmerung

Fotografieren in der Dämmerung stellt deine Kamera vor eine Herausforderung. Es wird schwer ein perfekt ausgeleuchtetes Bild zu bekommen. Du musst dich entscheiden ob du eher die hellen oder die dunklen Stellen zeigen willst. Auf dem Foto wurde die Belichtungsmessung auf dem dunklen Totem angesetzt. Das Foto wird dadurch stärker belichtet. Der Himmel erscheint jedoch leicht überbelichtet.

20 Über die Ruhr

Das Ruhr-Viadukt überspannt mit 20 Bögen und einer Gesamt-länge von 716 Metern das Ruhrtal. Von der Optik darf man sich nicht täuschen lassen. Die Steine sind eine Fassade, unter der eine Beton-Konstruktion steckt. Die Eisenbahnbrücke ist nur noch für den Gütertransport aktiv.

Bilder von: Lisa Gehring @lisas_landscape

Wetter – Hohenstein – Witten

Tourencharakter
Über den Hohenstein im westlichen Ardeygebirge. Waldwanderung mit vielen Aussichtsstellen.

Start und Ziel
S-Bahnhof Wetter (Ruhr) an der Bahnhofstraße.
Ziel: Hauptbahnhof Witten.

Schwierigkeit: leicht - **mittel** - schwer
Dauer: **3:30 h**
Länge: **11,4 km**
Aufstieg **210 hm**
Abstieg **210 hm**

Höhenlinienmodell mit Streckenverlauf

Höhenprofil

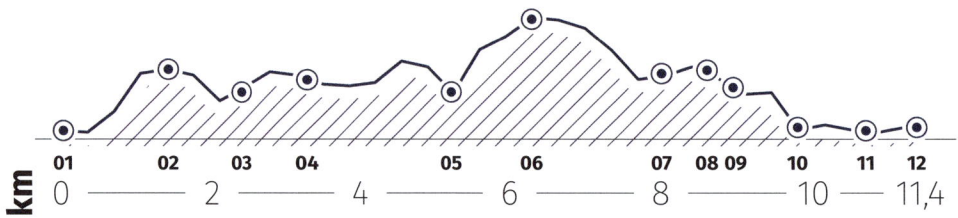

Von der Burgstadt Wetter am Harkortsee führt der Ruhrhöhenweg durch die Wälder des westlichen Ardeygebirges nach Witten. Nach der attraktiven Waldwanderung fährt die Bahn von Witten zurück zum Ausgangspunkt.

▶ Vom S-Bahnhof Wetter (Ruhr) **01** – im historischen Bahnhofsgebäude befinden sich die Stadtbücherei und ein Gastronomiebetrieb – führt die Bahnhofstraße parallel zum Gleiskörper in Fahrtrichtung Witten (westwärts) und schwingt am Supermarkt rechts hinauf zur Kaiserstraße. Hier befindet sich am Westrand der Stadt der Einstieg in den Ruhrhöhenweg. Nach Queren der Kaiserstraße folgt er der für den öffentlichen Verkehr gesperrten alleeartigen Zufahrt links hinauf Richtung Gut Schede **02** auf dem Gebiet der Stadt Herdecke; oben schwingt die Zufahrt im Buchenwald rechts zum Gut Schede auf einer allseits vom Wald umgebenen Rodungsinsel auf dem Ardeygebirge. Das klassizistische Gut Schede (um 1810) ist eine Unternehmervilla des 19. Jhs. Es wird bewohnt und bewirtschaftet von der Familie Harkort, deren berühmtester Spross, der Industrielle und liberale Politiker Friedrich Harkort (1793–1880) in der architektonisch auf-

wendig gestalteten Erbgruft (um 1860/70) seine letzte Ruhestätte gefunden hat. Die Ursprünge von Gut Schede reichen bis ins 9. Jh. zurück.

Zwischen den Hofgebäuden zweigt der Ruhrhöhenweg links ab und wechselt nach Wiedereintritt in den Buchenwald rechts auf einen schmalen Weg, der sich ins Enderbachtal senkt, dort kurz rechts neben der Ender Talstraße **03**, dann auf einem Pfad links hinauf durch den buchenbestandenen Steilhang und am ersten Weg links hinauf neben einem alten Buchen-/Stechpalmen-Wald (Mallinckrodt-Grenzsteine). Nach Passieren eines Teiches oberhalb von Haus Mallinckrodt **04** durchquert der x-Weg ein abgeschiedenes Seitental, führt im Wald an Gut Obergedern vorbei und senkt sich zu den Wiesen des Gederbachtales. Auf der schmalen Straße Gederbachweg **05** geht es kurz rechts talaufwärts und am Waldrand halb links den Steilhang hinauf, oben längs der Trasse der Hochspannungsleitung rechts, bis der Weg nach Passieren von drei alten Sitzbänken den Bergrücken überquert, vor einem Anwesen links schwingt, der asphaltierten Zufahrt im Hang des bewaldeten Wartenbergs (Wartenbergweg **06**) mit stellenweise weiter Aussicht hinab zur Passstraße Kohlensiepen führt und dort am Wanderparkplatz Kohlensiepen halb links auf dem Asphaltweg zur Gaststätte Waldhaus Vogel **07** wechselt. Hier führt der Ruhrhöhenweg rechts hinauf in die Wälder des Naturerlebnisgebiets Hohenstein. Der Ruhrhöhenweg leitet links hinab zum Lehrbienenstand beim Wildschweingehege und zweigt vor dem klassizistischen Pavillon Haarmanntempel **08** links zum Aussichtspunkt Berger-Denkmal **09** über dem Ruhrtal ab.

Vom Berger-Denkmal führt der Ruhrhöhenweg am Westrand des Naherholungsgebiets zur Parkplatzzufahrt „Hohenstein", folgt ihr links hinab vorbei am Hammerteich-Parkplatz **10** und wechselt hinter der Eisenbahnunterführung rechts auf die Wetterstraße, die an der Ruhr entlang unter dem Eisenbahnviadukt **◯** hindurchführt. An der Kreuzung mit der Ruhrstraße **11** geht es geradeaus durch die Gasstraße zum Hauptbahnhof Witten **12**. Das Empfangsgebäude wurde 1901 nach den Entwürfen des Wittener Architekten Richard Sauerbruch errichtet und steht unter Denkmalschutz.

Dein Moment für die Ewigkeit

Wo bin ich?

Das Navi leitet uns problemlos ans Ziel. Man muss sich nicht mit der Umgebung beschäftigen – sollte man aber. Oft liegen die schönsten Ausblicke oder Fotomotive nicht
direkt auf der geplanten Strecke. Mit einer Wanderkarte bekommst du einen Eindruck
über die Topografie und alles, was sonst noch interessant sein könnte.

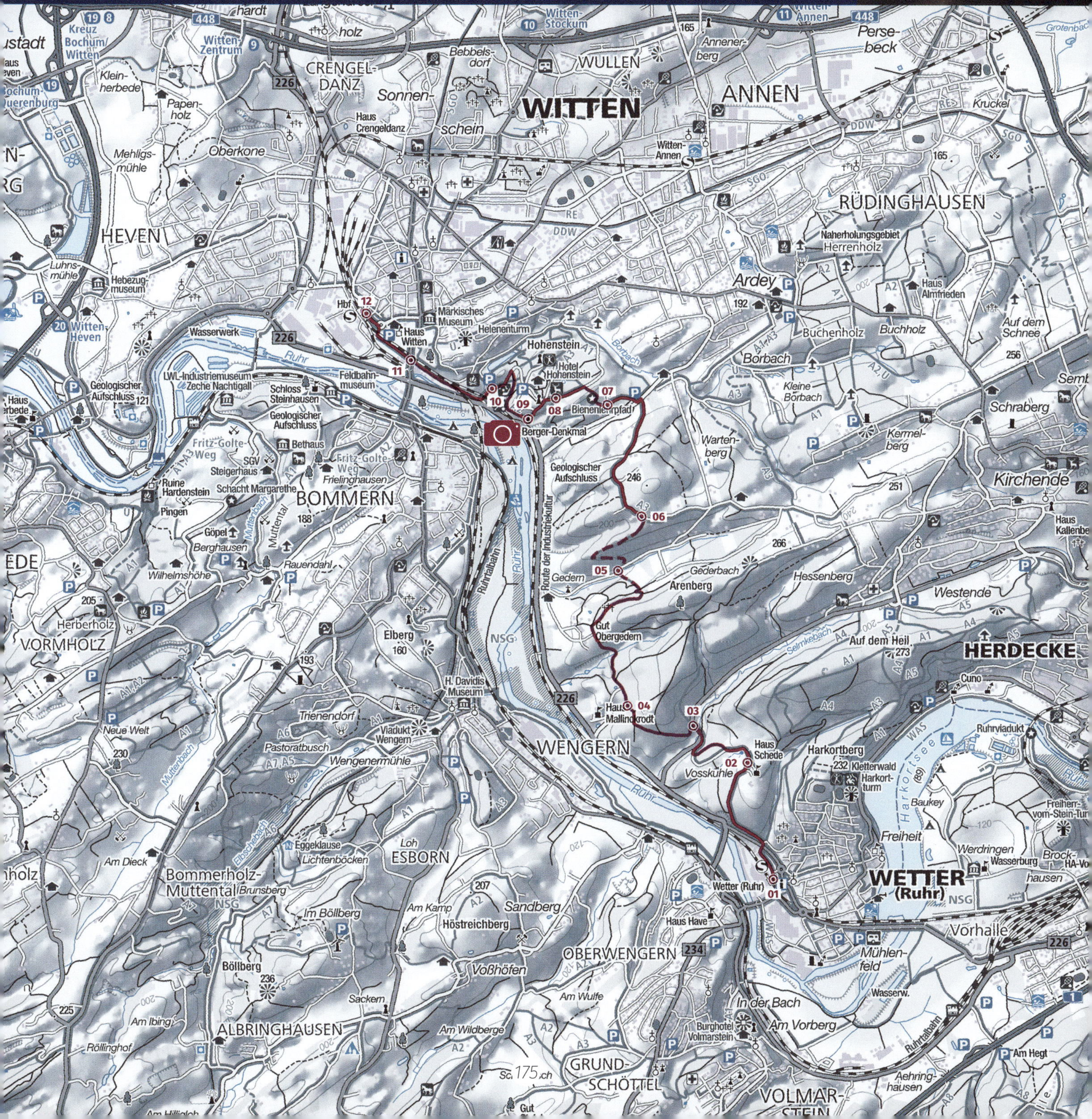

21 Laufen wir zur Laufenburg!

Eines unserer Wanderziele auf dieser Tour entstand im 12. Jahrhundert als wehrhaft ummauerte Ritterburg zur Sicherung des Territoriums der Limburger. Heute herrscht dort himmlischer Friede.

Bilder von: Daniel Wirtz @_danielwi

Wehebachtalsperre – Meroder Wald – Schevenhütte

Tourencharakter
Rundwanderung, überwiegend auf festen Wegen. Mehrfaches Auf und Ab, nach dem Aufstieg auf den Staudamm keine steilen Wege mehr.

Start und Ziel
Großparkplatz an der Wehebachtalsperre. Bus/Bahn: Busse von Aachen, Stolberg und Langerwehe, auch von den Bahnhöfen, jedoch nur bis Ortsmitte Schevenhütte.

Schwierigkeit: leicht - **mittel** - schwer
Dauer: **4:00 h**
Länge: **15,6 km**
Aufstieg **295 hm**
Abstieg **295 hm**

Höhenlinienmodell mit Streckenverlauf

Höhenprofil

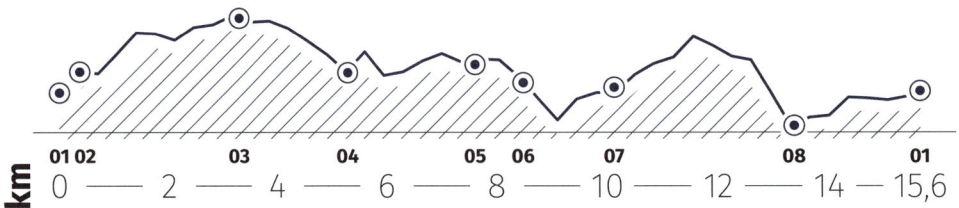

Diese große Tageswanderung führt von der jüngsten Talsperre der Eifel (1983) durch weite Wälder zur Laufenburg (14. Jh.), am Ende um den bedeutenden Fremdenverkehrsort Stolberg-Schevenhütte.

▶ Sie beginnt an der Parkplatzeinfahrt **01** auf Weg 3: Man steigt auf dem geteerten „Fußweg zum Staudamm" an; oberhalb der Gebäude geht's links direkt hoch und oben über den Staudamm **02** der Wehebachtalsperre. Wir wandern bergauf

Die Erde ist ein gebildeter Stern mit sehr viel Wasserspülung.

Erich Kästner, deutscher Schriftsteller 1899–1974

in den Hürtgenwald; oberhalb der Gebäude am Burgberg folgt bald eine Rechtskurve. Nach einer rechtwinkligen Linkskurve gehen wir etwa 250 Meter abwärts. Von der dort erreichten Wegekreuzung rechts ansteigen, bald mit Rechtskurve und noch einen Kilometer zur Straße Rennweg **03**.

Nun geht's abwärts, über den Parkplatz „Rennweg" und vorsichtig der L 25 entlang. Vor deren Linkskurve nach rechts und über den Parkplatz „Drei Eichen" in den Wald. Am ersten Knick nach links weiter. Vor der folgenden Fahrwegkurve nach rechts den geraden Mannsweg abwärts. Unten vor der Alten Eiche **04** nach links und im Meroder Wald 1 km in gleicher Richtung ansteigen, am Ende durch die Rechtskurve zu einer Abzweigung (Marienweg). Hier schwenken wir links auf den breiteren Erbsweg ein. Nach ca. 1,2 km biegen wir an einem Schilderstock links auf den Weg A 9 ab. Die Laufenburger Steingracht **05** hinunter, unten vom großen Kastanienbaum rechts zur Laufenburg **06** 📷 .

Nun folgen wir dem Zeichen ► von der Burg zurück zur großen Kastanie und die Zufahrt abwärts; an der nächsten Abzweigung links und das Rotenbruchtal 1 km aufwärts bis kurz vor dem Franzosenkreuz **07**. Hier über den Bach und ansteigen; oben an der Fahrwegekreuzung links herum bergauf, über die Höhe zum Querweg. Nach rechts nun mit der Markierung < bis hinab nach Schevenhütte **08**, „Am Wittberg"; „Hauptstraße" an der Bachseite ein wenig nach rechts, dann links „Zum Backofen".

Wir halten uns nochmals links Richtung „Schevenhütter Mühle" und marschieren vom Parkplatz „Am Feuerwehrhaus" auf Weg 4 talaufwärts. Ein Fahrweg führt zum Schwanenteich. Hinter dem Zaun vorbei, bald hoch durch den Hang und zur Straße „Lamersiefen". Auf dieser wandern wir abwärts, jedoch vor der Brücke über den Wehebach rechts auf dem breiten Weg durch den Waldhang bei Helenasruhe zurück zum Ausgangspunkt **01**.

Dein Moment für die Ewigkeit

Belichtungsdreieck

Blende, Belichtungszeit und ISO, diese drei Faktoren bedingen sich gegenseitig und du kannst ihre Beziehung nutzen, um verschiedene Effekte zu erzielen. Öffnest du die Blende, hier f/4, fällt mehr Licht durch die Linse, dementsprechend niedriger kannst du die Belichtungszeit ansetzen, wie hier mit 1/640 oder die ISO, das heißt die Lichtempfindlichkeit des Sensors verringern.

22 Multilingualer Startpunkt

Dieser zauberhafte Ort wurde im Jahre 1198 erstmals als *Mons Ioci* urkundlich erwähnt und erhielt im Mittelalter den französischen Namen *Monjoye*, den man nach dem Ersten Weltkrieg auf *Monschau* „eingedeutscht" hat. So reist eine Stadt durch die Geschichte.

Bilder von:
Martin Hübner & Jonas Hübner
@drei_blickwinkel

Monschau – Perlenbachtalsperre

Tourencharakter
Berg- und Talwanderung, auch mit steinigen und steilen Abschnitten, die entsprechendes Schuhwerk erfordern. Lauschige Partie um die Talsperre.

Start und Ziel
Großparkplatz Burgau (oder St.-Vither-Straße), gebührenpflichtig. Bus/Bahn: Busverkehr von allen Richtungen, auch von den Bahnhöfen in Aachen und Eupen (Belgien).

Schwierigkeit: leicht - mittel - **schwer**
Dauer: **4:00 h**
Länge: **10,9 km**
Aufstieg **215 hm**
Abstieg **215 hm**

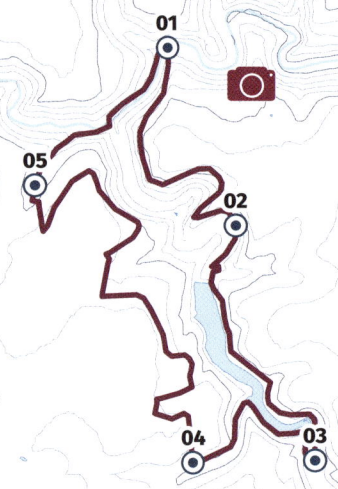

Höhenlinienmodell mit Streckenverlauf

Höhenprofil

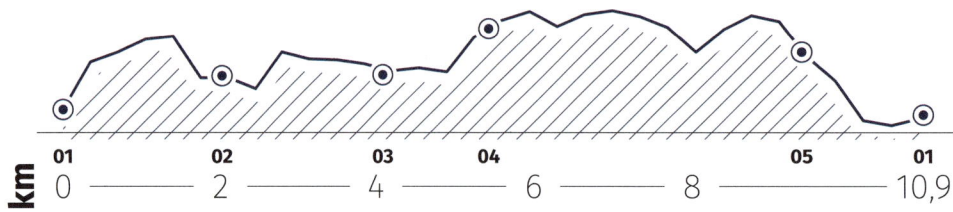

Lebendiges Treiben in alten Mauern, ein mittelalterliches Stadtbild mit idyllischen Fachwerkhäusern, engen Gassen und Kopfsteinpflaster.

www.eifel.info

▶ Die Tour beginnt an der Zufahrt zum Parkplatz Burgau **01**, unterhalb der Toiletten, am Hang auf dem Richtung Perlenau beschilderten Monschauer Nationalpark-Wanderweg, zugleich Eifelsteig. Wir gehen ein paar Schritte den Fahrweg hinauf, links die Trittstufen hoch und steigen dann auf dem Bergpfad an. Oben geht's am Felsen Teufelsley vorbei zur Engelsley (Talblick). Nach links in den zweiten, unteren Weg, dem wir etwa 800 m lang im Auf und Ab am Steilhang folgen. An einem Schilderstock (100) wechseln wir rechts auf den Bergpfad, der sich hinter Felsgraten senkt und gegenüber der Brücke zum Hotel Perlenau **02** das Perlenbachtal erreicht. Nach links dem Fluss entgegen, bald auch unter der Bundesstraßenbrücke hindurch zur Querstraße am Wasserwerk. Nach links ein paar Schritte hoch, dann rechts ansteigen, auf dem rechten Weg zur Perlenbachtalsperre. An dieser entlang bis zum Einlauf des Perlenbachs. Nun geht es auf der Klosterroute weiter. Über die Brücke **03**, rechts erst über der Talsperre, danach im Römerbachtal aufwärts. Schon weit oben rechts einen Steilpfad hoch und über die B 399 **04**. Vom

Parkplatz den Wiesensteig hinauf und zwischen Zäunen zu einem Teerweg; nach rechts bis vor die Hecken, rechts wieder abwärts.

Im Wald gehen wir sogleich links den Pfad hinab, geradeaus und bald weitläufig leicht steigend. Zuletzt führt ein flacher Fahrweg zu einer Straßenkurve. Rechts in den abfallenden Weg und gerade hinunter, von unten zwischen Wiesen wieder hoch. Rechts führt ein steiniger Weg zum Wald; dort links und auf einem Fahrweg bleiben, bis wir nach 1 km den Beginn des Teerbelags erreichen. Nach rechts und am Waldrand stärker bergab.

Unten im Wald verlassen wir die Klosterroute nach rechts auf dem Weg 55, der durch das steile Hasselbachtal **05** ins Rurtal und nach Dreistegen hinabzieht. Auf dem Fußweg der Bundesstraße überschreiten wir die Brücke zur Stadt, dann folgen wir der St.-Vither-Straße zum Ausgangspunkt **01** hinab. Dort lohnt sich ein Abstecher in die Altstadt von Monschau und über die Brücke bei der Evangelischen Stadtkirche **◉**.

Dein Moment für die Ewigkeit

Vordergrund ...

„Vordergrund macht Bild gesund". Ein kurzer Spruch, den man sich merken sollte. Der Stein im Vordergrund ist nahe am Objektiv und wird durch den Fokus auf die Häuser unscharf. Dieses Spiel mit dem Fokus verleiht dem Bild das besondere Extra.

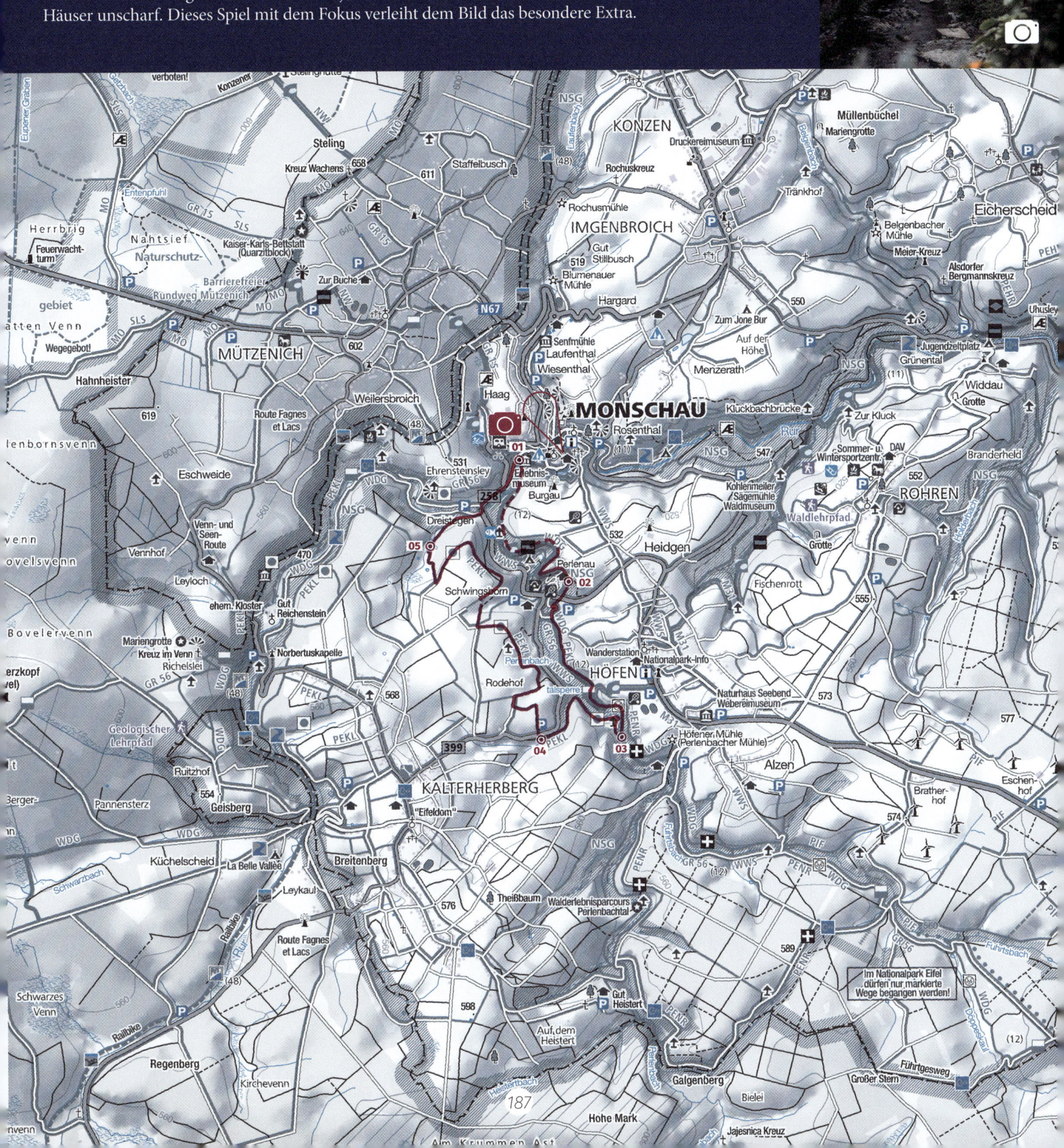

23 Eine Reise zur Reichsburg

Auch die hier präsentierte Tour hat eine viel fotografierte Festung als Ziel: Die Reichsburg Cochem auf einem weithin sichtbaren Weinbergkegel oberhalb der gleichnamigen Stadt an der Mosel.

Bilder von: **Anne Köhler @anne.khlr**

Kaisersesch – Cochem

Tourencharakter
Bis Martental leicht. Im schluchtartigen Tal der wilden Endert auch Felsenpfade, die bei Nässe rutschig sein können und bei Glätte unbegehbar sind.

Start
Kaisersesch, Bushaltestelle Balduinplatz. Bus: Cochem – Kaisersesch (werktags stündlich). Empfehlung für Kraftfahrer: In Cochem parken und zuerst mit dem Bus nach Kaisersesch

Schwierigkeit: leicht - **mittel** - schwer
Dauer: **5:00 h**
Länge: **18,2 km**
Aufstieg **125 hm**
Abstieg **470 hm**

Höhenlinienmodell mit Streckenverlauf

Höhenprofil

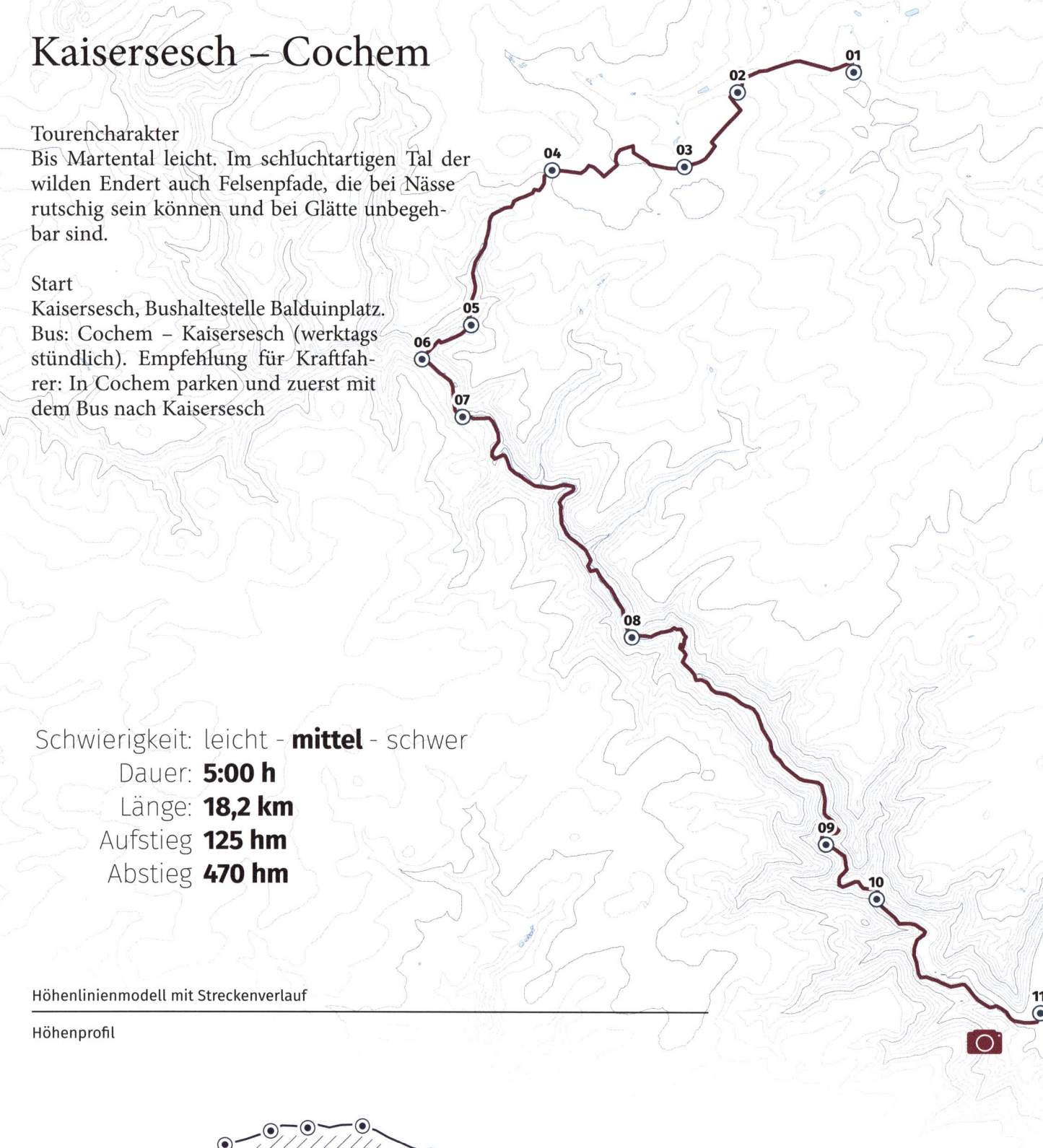

„Mein Haus ist meine Burg".

Sir Edward Coke, englischer Jurist und Politiker (1552–1634)

▶ In Kaisersesch **01** folgen wir vom Balduinplatz der Hambucherstraße bis vor den Alten Postplatz, gehen rechts aufwärts und vor dem Kreisverkehr nach links zur Poststraße. Schräg rechts über die Kreuzung gelangen wir zur Bahnhofstraße und auf dieser zur Waldkapelle **02** an einer großen Kreuzung. Geradeaus geht's auf dem Martentalweg (M) „Auf der Wacht" in den Wald und am Heim St. Martin links in die Humboldtstraße. Über die Verlängerung „In der Langheck" kommen wir bis vor den Wald. Links auf die Anhöhe, links (auch Pilgerweg) und über den Waldspielplatz mit der Martinshütte **03**. Geradeaus aus dem Wald, vor der

A 48 nach rechts und dann links durch deren Unterführung. Rechts an der Böschung, vor dem Wald links, über die L 52 nach Breitenbruch **04**.

Hinter dem Friedhof wandern wir links abwärts und auf dem quer verlaufenden Teerweg (Tannen) 10 m rechts weiter, dann geht's links durch das Sesterbachtal zur Martentalkirche **05** hinab.

Wir gehen vor dem Portal vorbei, rechts neben die Kirche und weiter talwärts, und zwar stets an der rechten Talseite. Am

Wasserfall „Die Rausch" **06** überschreiten wir den Endertbach. Weiter bis Cochem wandern wir auf dem Karolingerweg talwärts – erst auf einem Waldweg, ab der Napoleonsbrücke **07** 200 m auf der Landstraße und dann links auf einem Hangpfad. Auf stellenweise felsigen und abenteuerlichen Wegtrassen gelangen wir neben der wilden Endert – auch zweimal die Talseite wechselnd – zur Göbelsmühle **08** (Gasthof) und zur Weißmühle **09** (Hotel).

Zuletzt wandern wir auf der Straße bis zum Hotel Winneburg **10** (Bushaltestelle). Rechts noch einmal ansteigend gelangen wir durch den Stadtwald nach Cochem **11**, wo wir auf der Endert- und der Brückenstraße zur Bushaltestelle vor der Moselbrücke kommen (Blick zur Reichsburg). Wer genau die Perspektive des Tourfotos sucht, findet sie am Aussichtspunkt der Serpentinen westlich über Cochem **〇**.

Dein Moment für die Ewigkeit

Locker eingerahmt

Mit Framing, das Einrahmen deines Hauptmotives, verhält es sich ähnlich wie mit einem Bilderrahmen: Farbe und Dicke der Umrahmung verändern dein ganzes Bild. Hier rahmen die gefärbten Blätter locker und harmonisch die Burg in der Ferne ein und verstärken den Herbsteffekt und somit die Stimmung des Bildes.

24 Der Fuchstanz am Taunus

Die Burgruine Königstein (12. Jh.) ist die zweitgrößte Festungsruine Deutschlands. Sie schützte die wichtige Handelsstraße von Frankfurt nach Köln. 1796 wurde sie durch die Franzosen zerstört. Die weitaus kleinere Burgruine Falkenstein (14. Jh.) wurde nach dem Dreißigjährigen Krieg aufgegeben und verfiel.

Bilder von: **Tayisiya Yerygina @taya_y**

Königstein – Fuchstanz – Falkenstein

Tourencharakter
Durch das Reichenbachtal auf die Höhe. Waldwanderung auf überwiegend breiten Wegen; Panoramablicke.

Start und Ziel
Rundtour Start und Ziel beim Bahnhof Königstein, 345 m.

Schwierigkeit: **leicht** - mittel - schwer
Dauer: **3:30 h**
Länge: **11,3 km**
Aufstieg **370 hm**
Abstieg **370 hm**

Höhenlinienmodell mit Streckenverlauf

Höhenprofil

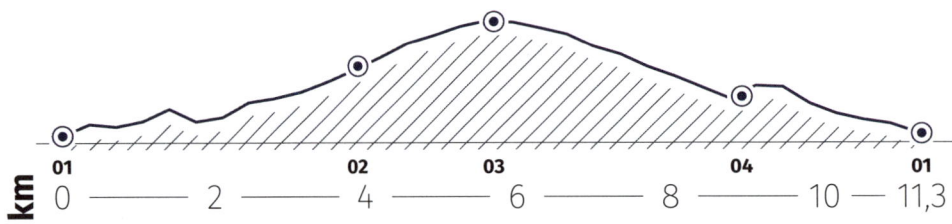

Nach der fast unvermeidlichen Einkehr auf dem viel besuchten und beliebten Fuchstanz wartet die Tour mit einem weiteren Höhepunkt auf, dem Falkensteiner Hain mit seiner Burgruine und einem herrlichen Panoramablick über die Stadt Frankfurt und das Rhein-Main-Gebiet.

▶ Vom Bahnhof Königstein **01** entlang der Bahnstraße hinauf zur Wiesbadener Straße. Links Richtung Ortsmitte. Links auf die Hauptstraße. Rechts auf die Georg-Pingler-Straße. Nun leitet der schwarze Balken mit Spitze. Zum Altenheim und rechts auf einen Gehweg. Die B 8 queren und um das Kurbad herum. Links auf den Klärchenweg und etwa 400 m am Fuß des Falkensteiner Hains entlang, dann links auf die Hugo-Amelung-Straße und ortseinwärts.

Nach 250 m rechts auf die Altkönigstraße. Zu ihrem Ende und geradeaus weiter auf einsetzenden schmalen Weg in den Wald. Dann zum breiten Kaiserin-Friedrich-Weg und rechts.

Zu einem Weiher und weiter in bisheriger Richtung, zur Rechten der Reichenbach. Nach ungefähr 750 m führt die Markierung nach links zum parallel verlaufenden breiten Tillmannsweg **02**. Hier wieder rechts und zum Fuchstanz **03** hinauf.

Nun leitet das schwarze Andreaskreuz. Rechts auf den Rübezahlweg. Auf folgenden Rechtsabzweig (Fuchstanzweg). Bergab und auf der Feldbergstraße nach Falkenstein hinein. Der Rechtskurve folgend auf den Reichenbachweg. Vor der Christkönigkirche links auf die Straße Am Steingarten. Zur Gabelung am Waldrand. Links und durch den Falkensteiner Hain.

An der Burgruine Falkenstein **04** vorbei zum Dettweiler Tempel und rechts. Bergab, aus dem Wald und sofort rechts. Links auf die Adelheidstraße (unmarkiert). Erst die B 8 queren, dann die Hauptstraße in die Wiesbadener Straße hinein queren. Rechts auf die Bahnstraße und zurück zum Bahnhof.

Dein Moment für die Ewigkeit

Abendrot

Wenn die Sonne untergeht beugen sich die Lichtstrahlen. Das tief stehende Licht streut sich an kleinen Partikeln in der Luft. Wenn man dem Smog der Stadt enflieht, ist eben dieser mitverantwortlich für ein intensives Abendrot.

25 Rotenfels

Die größte Steilwand zwischen den Alpen und Skandinavien. 202 Meter geht es vom Gipfel bis zur Nahe hinunter. Der Fluss hat sich an den Fels angeschmiegt, seine Ablagerung wegtransportiert und das Steilufer an den Fels geschliffen.

Bilder von: **Marc Wesel** @marcfotografiert

Rheingrafenstein

Tourencharakter
Wanderung für Geübte. Wanderschuhe und Wanderstöcke empfohlen!

Start und Ziel
Rotenfelsstraße in 55585 Norheim.

Schwierigkeit: leicht - mittel - **schwer**
Dauer: **6:00 h**
Länge: **14,8 km**
Aufstieg **450 hm**
Abstieg **450 hm**

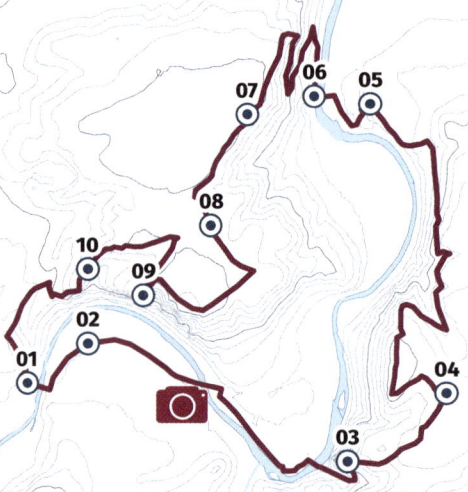

Höhenlinienmodell mit Streckenverlauf

Höhenprofil

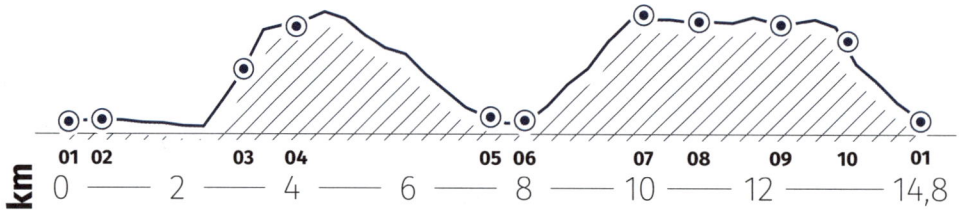

Der Rotenfels ist kein Sportklettergebiet, sondern hat alpinen Charakter.
Er ist daher nur für bereits erfahrene Kletterer geeignet. Eine gute Ortskenntnis
ist notwendig, um eine Kletterroute in der Vielzahl von Schotterrinnen, Kaminen,
Türmen, Bruchwänden und Schrofenhängen zu finden

www.dav-nahegau.de

Rheingrafenstein und die größte Steilwand zwischen Alpen und Skandinavien werden erwandert, mit faszinierenden Aussichten ins Nahetal.

▶ Die Wanderung beginnt in Norheim **01**, dem ältesten Weindorf an der Nahe. Wir überqueren die Nahe in östlicher Richtung, über die Fußgängerbrücke, und biegen nach links ab Richtung Bad Münster am Stein. Im Blick vor uns das imposante Rotenfelsmassiv **02**, die größte Steilwand zwischen Alpen und Skandinavien.

Wir flanieren durch das Nahetal, passieren die Friedensbrücke ▣ mit Sicht auf die Ebernburg mit der Jugendherberge. Nach der Brücke rechts ab, über einen Parkplatz erreichen wir am Wehr an der Nahe den Kurpark von Bad Münster am Stein mit seinem architektonischen Juwel, dem Kurmittelhaus, das 1911 im barockisierenden Jugendstil (ca. 300 m Umweg) erbaut wurde.

Nun überqueren wir mit einer Fähre (kleiner Obolus!) die Nahe und wandern am Märchenhain den Treppenweg hoch zur Burgruine Rheingrafenstein **03**. Oben am Turm angelangt lohnt sich der Weg links herum zu den erhöhten Aussichtspunkten. Hier hat man eine fantastische Aussicht ins Nahetal – atemberaubend –, wie schön ist doch Rheinhessen.

Das kurze Stück wieder zurück biegen wir nach dem runden Turm der Burg links ab und begeben uns den Pfad hoch, an der Sternwarte vorbei, zum Ausflugslokal Hofgut Schloss Rheingrafenstein **04**.

Wir biegen scharf links ab, wandern durch herrliche Waldpassagen und werden auf der Gans, einem Aussichtspunkt, mit einer atemberaubenden Fernsicht belohnt. Den Höhenweg entlang kommen wir noch an zwei wunderschönen Aussichtspunkten vorbei, bei denen wir das Salinental von Bad Kreuznach bewundern können. Unser Weg führt uns abwärts, am Campingplatz vorbei, zum „Brauwerk" in Bad Kreuznach **05** – wo das Bier noch selbst gebraut wird – ein Besuch lohnt sich auf jeden Fall.

Wir wandern nun über die Brücke, der B 48 entlang nach Westen und biegen gleich nach der Brücke rechts ab und, ein wenig versteckt, links den kleinen Pfad hoch zum nächsten Aussichtspunkt „Örtels Hütte" **06**. Weitere Aussichtspunkte säumen unseren serpentinenartigen Weg hoch zur Hochfläche zur Elisabeth-Hütte **07** mit Blick nach Bad Kreuznach. Oben angelangt biegen wir links ab, wandern am Waldrand entlang bis vor zum Rotenfelsmassiv. Zwischendrin haben wir die Möglichkeit, zur Gaststätte „Zur Bastei" **08** (ca. 10 Min.) abzubiegen. Nun werden wir für all unsere Anstrengungen belohnt mit der Aussicht vom Rotenfels ins Naheland. Imponierend diese Felswand – wir haben die Höhe erreicht.

Nun genießen wir den Höhenweg und wandern weiter bis zum äußersten Punkt, der Bastei **09** auf dem Rotenfels, auf der wir etwas verweilen und die Landschaft auf uns wirken lassen sollten.

Von nun an geht's bergab. Der Weg führt, teilweise alpin (kurz), abwärts mit Aussichtspunkten nach Norheim und zum Donnersberg **10**, weiter hinunter durch die Weinberge, mit dem letzten schönen Ausblick nach Norheim, zu unserem Ausgangspunkt, der Rotenfelsstraße in Norheim **01**.

Dein Moment für die Ewigkeit

Kontrast statt Sättigung

Farbe in ein Motiv bringen, das auch in der Realität wenig Farbe besitzt ist keine gute Idee bei der Nachbearbeitung. Ist die Umgebung in einem herbstlichen Braunton oder eher grundsätzlich farbschwach, versuche mit dem Kontrast (oder direkt über das Histogramm) zu arbeiten und zu verstärken.

26 Fränkische Schweiz

Die Höhlen, Felsformationen, Burgen und Ruinen machen die Fränkische Schweiz zu einer besonderen Landschaftskulisse. Frühe Touristiker haben die Region als einer der ersten deutschen Urlaubsziele bekannt gemacht.

Bilder von: **Stefan Mahlknecht @christoph.zeug**

Hummerstein und Leidingshofer Tal

Tourencharakter
Eine sehr abwechslungsreiche Tour mit vielen Höhepunkten. Oft ist man hier am Berg unterwegs, auf schmalen, teils steilen Pfaden. Der Anstieg zum Hummerstein ist recht anstrengend. Für die kleine Runde durch das Leidingshofer Tal sollte man nochmals alle Reserven mobilisieren, da auch hier die Wege schmal, wurzelig und steinig sind mit gleich zu Anfang einem starken Anstieg.

Start und Ziel
Wanderparkplatz bei Veilbronn.

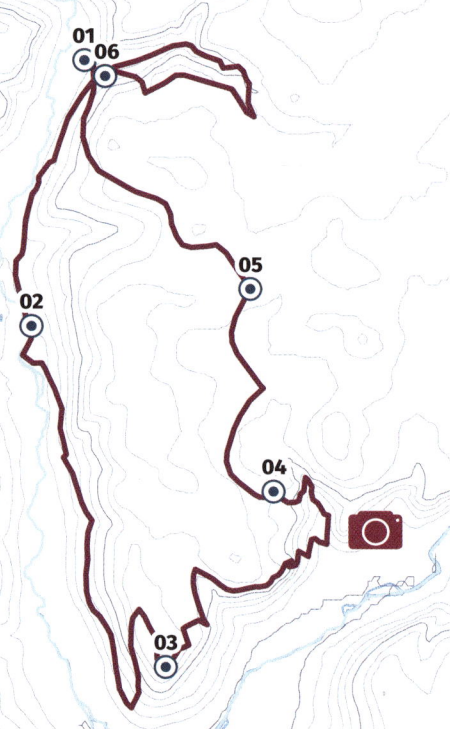

Schwierigkeit: leicht - **mittel** - schwer
Dauer: **5:00 h**
Länge: **15,9 km**
Aufstieg **690 hm**
Abstieg **690 hm**

Höhenlinienmodell mit Streckenverlauf

Höhenprofil

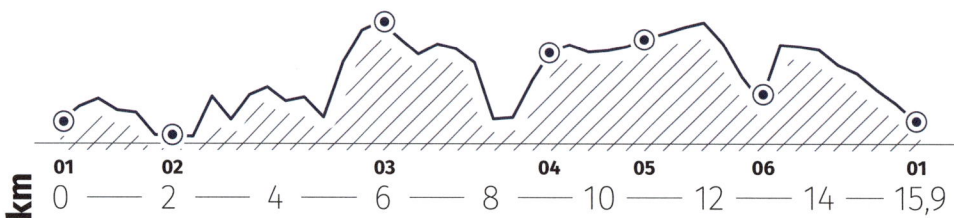

Nicht unweit der Tour befinden sich das Felsmassiv mit dem Schwingbogen. Ein Abstecher oder eine eigene Tour zahlt sich aus.

Das Leidingshofer Tal wurde 1986 zum Naturschutzgebiet ausgewiesen. Es schützt heute noch immer das schluchtartige Juratal mit seinem typischen Pflanzenbewuchs: Buchenwald und Ahorn-Linden-Steilhangwald machen den Großteil des Baumbestandes aus. Wer offenen Auges durch das Leidingshofer Tal wandert, dem könnte sich sogar ein Uhu oder Feuersalamander zeigen. In Streitberg laden dann die Burgruine Streitburg und die Binghöhle zu einem Besuch ein. Der markante Hummerstein ist die Krönung dieser abwechslungsreichen Wanderung: Bei schönem Wetter erlaubt er tiefe Einblicke in das Wiesenttal hinein.

Vom Wanderparkplatz bei Veilbronn 01 geht's erst die Straße nach rechts steil hinauf. Nach wenigen Metern biegen wir in den Wald ab und folgen dem gelben Querbalken. Nach ein paar Hundert Metern halten wir uns rechts (anstelle des Wegschildes dienen nun lange grüne Stangen zur Orientierung). Auf gut markiertem Waldweg wandern wir nun ca. 15 Minuten, bevor es bergab geht. Wir treffen auf einen Radweg, der uns nach Unterleinleiter 02 führt. Wir durchqueren den Ort auf eben diesem Weg und folgen weiter dem gelben Balken Richtung Gasseldorf. Gleich hinter dem Ortsausgang biegt ein nicht leicht zu erkennender Weg leicht links in den Wald ab. Zuerst auf breitem Weg, dann auf schmalem Pfad laufen wir nun wieder durch den Wald. Beim Waldaustritt geht es nach rechts hinauf und dann gleich wieder links in den Wald hinein. Nach einer guten halben Stunde erreichen wir eine Kreuzung. Ab jetzt folgen wir der

gelben Raute: Links geht es nun hinauf zum Hummerstein auf einem schmalen, steinigen Pfad, der direkt rechts neben einem breiteren Weg, von Büschen verdeckt, entlangführt. (Vorsicht! Schwer zu erkennen, da die Schilder vom Gestrüpp verdeckt sind). Sobald wir auf einen breiten Waldweg treffen wenden wir uns nach links. Durch einen schönen Buchenwald steigen wir bergauf, an der Gabelung halten wir uns rechts. Wieder helfen uns die grünen Stangen der Orientierung, dass wir noch am rechten Weg sind. Oben angekommen weist uns das Schild an der Kreuzung den Weg nach rechts. Wir folgen nun dem schmalen Waldweg bis zum Hummerstein 03. Am Hummerstein vorbei biegen wir links ab Richtung Streitberg. Wir folgen nun einem Pfad durch den Wald bergab, an der Weggabelung nach links Richtung Streitberg. Wir folgen nun dem roten Querbalken. Der breite Waldweg führt uns leicht bergauf Richtung Pavillon. Wir folgen weiter dem Weg, beim Schild Richtung Streitberg und Pavillon (roter Strich) biegen wir rechts ab. Nach ein paar Minuten schickt uns der Weg rechts hinunter zum Pavillon. Wir folgen dem Weg am Pavillon vorbei Richtung Streitberg und Binghöhle. Auf einem schmalen, steinigen Pfad geht es nun hinab zum Felsentor, hier hindurch und weiter über ein paar Stufen zur Binghöhle und Streitburg 🄾. Ab hier folgen wir dem grünen Kreis nach Streitberg rechts hinab. Nach einigen Metern wenden wir uns auf den Frankenweg nach links. Auf asphaltiertem Weg geht es nun nach Streitberg 04 hinein. Wir wenden uns hier nach links ins „Tal der Könige" Richtung Veilbronn übers Schauertal, dem gelben Balken folgend. Noch vor dem Ortsausgang geht es nach links hinab über den Bach und gleich wieder rechts den Kiespfad am Bach entlang und an den Kalkstufen und dem kleinen Wasserfall vorbei. Über den Wanderparkplatz folgen wir der schmalen Straße bergauf. An der Gabelung biegen wir nach rechts ab Richtung Störnhof/Oberfellendorf. Wir folgen dem gelben Balken geradeaus über eine Kreuzung Richtung Veilbronn. Über einen Wiesenweg erreichen wir in 5 Minuten eine Straße, auf die wir nach links abbiegen. Kurz vor dem Ortsrand von Störnhof 05 biegen wir wieder links auf den Feldweg ein. Nun über eine Wiese, am Waldrand entlang und kurz durch den Wald. An der Kreuzung geht es geradeaus weiter Richtung Veilbronn. Nun über schöne Waldwege bis zur Straße und nach Veilbronn hinunter. Bei den ersten Häusern biegen wir jedoch wieder rechts ab und folgen nun dem roten Kreis durchs Leidingshofer Tal 06, das wir nochmals in einer guten Stunde durchwandern! Der Weg führt uns in einer Runde wieder direkt zurück nach Veilbronn 01.

Dein Moment für die Ewigkeit

Farbenspiel im Herbst

Bevor die Blätter der Laubbäume abfallen durchlaufen sie ein leuchtendes Farbspektrum. Vom intensiven Grün über Orange bis zum finalen Braunton. Diese Farbenpracht bietet sich perfekt für herbstliche Aufnahmen an. Ob der Reif der Schneedecke im Winter, die ersten Blumen im Frühjahr oder saftiges Grün im Sommer, jede Jahreszeit hat ihre Besonderheiten.

27 Der Höchste im Bayerischen Wald

Der Große Arber ist der einzige Berg im Bayerischen Wald, der oberhalb der Baumgrenze ist. Außerhalb der Alpen ist er der zweithöchste Berg Deutschlands.

Bilder von: Dominik Schmidhuber

@berg_und_tal_fotos

Großer Arber   1456 m
Kleiner Arber   1384 m

Tourencharakter
Große Arberrunde zum höchsten Punkt des Bayerischen Waldes. Waldwege und -pfade, mit etlichen steinig-felsigen Passagen im Bereich der Rißlochwasserfälle und bei den Anstiegen auf den Großen und Kleinen Arber.

Start und Ziel
Bodenmais, Parkplatz beim Gasthaus Waldhaus am Rißlochweg; alternativ Wanderparkplatz nach den letzten Häusern am Ende des Asphaltsträßchens.

Schwierigkeit: leicht - **mittel** - schwer
       Dauer: **5:15 h**
       Länge: **15,4 km**
    Aufstieg **950 hm**
     Abstieg **950 hm**

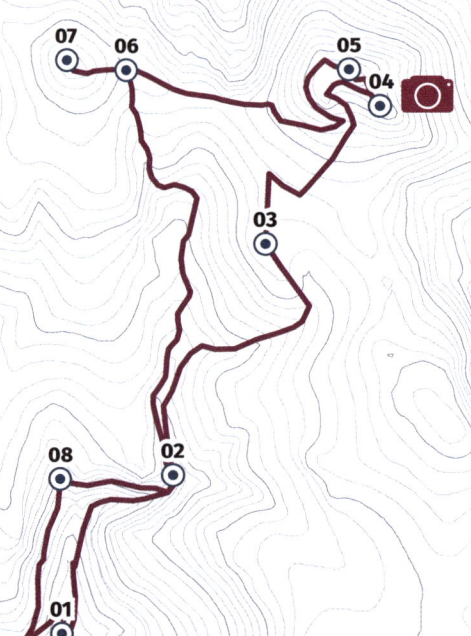

Höhenlinienmodell mit Streckenverlauf

Höhenprofil

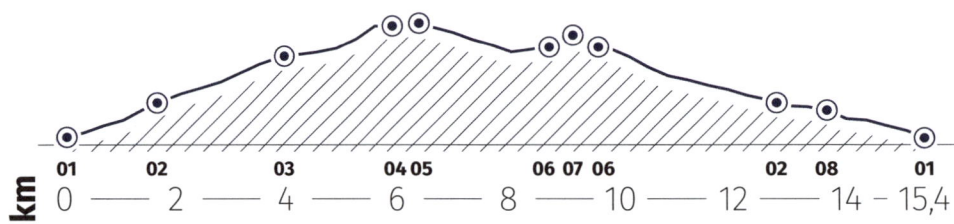

Die Rißlochwasserfälle bei Bodenmais, verschiedene Moore, die eiszeitlichen Seen mit ihren steil abfallenden Seewänden und der naturbelassene Wald verleihen diesem urwüchsigen Gebiet seinen unverwechselbaren Charakter".

www.arberland-bayerischer-wald.de

▶ Vom Parkplatz beim Gasthaus Waldhaus **01** wandern wir zu den Rißlochwasserfällen **02** hinauf und folgen weiter dem steinigen Pfad (Nr. 2) am Bachlauf entlang bis zur Kreuzung, wo es geradeaus zum Mittagsplatzl geht und links die Nr. 2 Richtung Großer Arber abzweigt.

Wir stoßen auf eine kreuzende Kiesstraße, gehen an einer interessanten Holzliege (mit tollem Arberblick) vorbei geradeaus weiter. Der aussichtsreiche, anfangs flache Weg ist als Panorama-Höhenweg **03** ausgeschildert und biegt bei einer Ver-

zweigung rechts ab, wird steiler und steiniger und führt hoch zur Bodenmaiser Mulde **04**.

Über viele und steile Holzstufen steigen wir hoch zum Gipfelplateau des Arbers, das durch die beiden Radartürme dominiert wird. Links taucht der markante Felsriegel auf, wir halten uns rechts und folgen dem Gipfelweg Richtung Radarantenne. An der Zwieseler Hütte (Selbstversorgerhütte) vorbei geht es zu den Felsen des Großen Seeriegels hoch, beim Abstieg machen wir einen kurzen Abstecher zur 2015 erneuerten Arberkapelle

Dein Moment für die Ewigkeit

Mehr einfangen

Je nachdem wo du den Belichtungsmesser deiner Kamera ansetzen willst wird dein Bild eher hellere oder dunklere Bereiche abspeichern. Dabei wird das was du siehst in reduzierter Form gespeichert. Im RAW-Format wird mehr Information gespeichert als im JPEG-Format. Du kannst nachträglich mit einem Bearbeitungsprogramm noch mehr Grenzbereiche herausarbeiten. So wie zum Beispiel die Bergkette im Hintergrund.

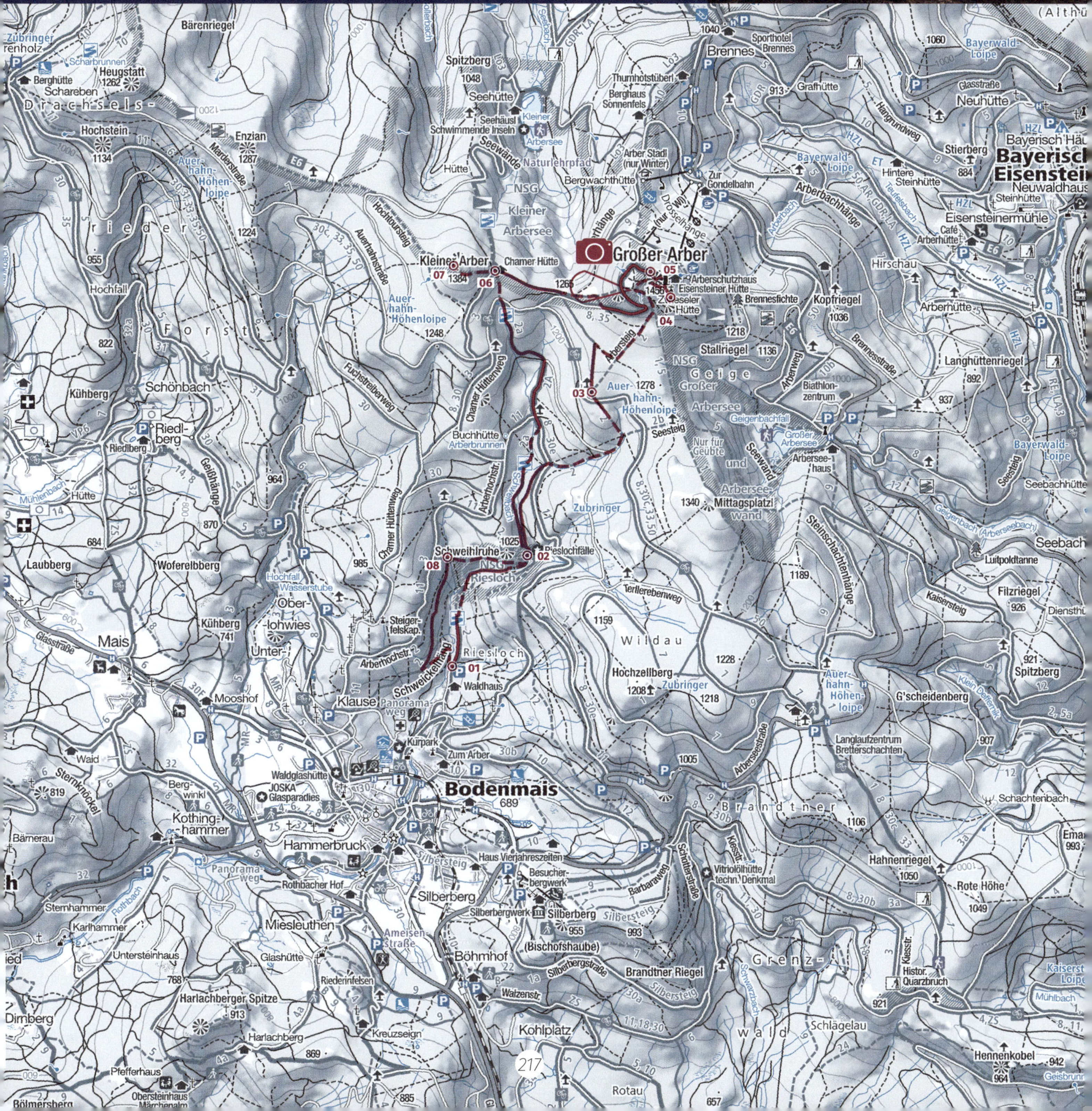

und wandern dann hoch zum kreuzgeschmückten Gipfel des Großen Arbers **05** 🅾.

Am Kleinen Seeriegel vorbei folgen wir dem breiten Gipfelrundwanderweg bergab zur Bodenmaiser Mulde und knicken dann scharf links ab, Markierung Kleiner Arber. Den breiten Weg verlassen wir rechts auf einen schmalen, felsdurchsetzten Waldpfad, der uns in leichtem Auf und Ab zur Chamer Hütte **06** bringt. Direkt hinter der Hütte schlängelt sich ein wurzeliger Pfad hoch zum felsigen Gipfelkopf des Kleinen Arbers **07**.

Zurück zur Hütte schwenken wir rechts, wandern mit der Nr. 2a auf schmalem Waldpfad leicht abwärts, überqueren die Auerhahnstraße und steigen auf dem wurzeligen, teils steinigen und streckenweise feuchten Pfad bergab und kommen einem

Bachlauf recht nahe. Zunächst passieren wir eine Brücke, etwas später überqueren wir den Bach über einen Steg. Das Bachtal wird schluchtartiger, Felsblöcke bauen sich auf, und es geht wieder über einen Holzsteg. Weiter am Bach entlang halten wir uns bei den Rißlochwasserfällen **02** rechts, überqueren den Bach, folgen der Markierung Bodenmais über Rißbachschlucht und kommen nach einem kleinen Gegenanstieg zu einer Schleuse mit Häuschen. Wir bleiben rechts vom Bach, traversieren auf einem schmalen Pfad am Waldhang entlang.

Bei einer scharfen Linkskehre stoßen wir auf einen kleinen Wasserfall und ein Wehr **08** und gehen unter dem Vordach der Unterstellhütte hindurch. Bei der nächsten Wegteilung halten wir uns links, folgen dem breiteren Weg bergab, überqueren einen angelegten Bachlauf und knicken kurz darauf scharf links ab. Mit dem abwärtsführenden, etwas verwilderten Weg schwenken wir rechts, stoßen auf einen kreuzenden Wald-weg und folgen ihm nach rechts. Wir überqueren den Bach-lauf über eine Holzbrücke und treffen auf unseren Hinweg, kurz unterhalb des Wanderparkplatzes. Nach rechts sind wir in wenigen Minuten zurück am Ausgangspunkt beim Gasthaus Waldhaus **01**.

28 Steinklamm

Südlich von Spiegelau hat sich der Fluss, die Große Ohe, über die Jahrtausende sanft aber beständig in das Gestein gewaschen. In der Steinklamm finden sich eine 100 Meter tiefe Felsschlucht, unzählige Strudellöcher und romantische Wasserläufe.

Bilder von: **Dominik Schmidhuber**
@berg_und_tal_fotos

Spiegelau – Grafenau

Tourencharakter
Durch die Steinklamm in die älteste Stadt des Bayerischen Waldes. Am Beginn in Spiegelau Asphalt sowie mehrere Abschnitte im letzten Teilstück ab Grafenhütt, ansonsten Wald- und Forstwege sowie wurzelige Pfade in der Steinklamm. (Die Klamm ist begehbar von Mai bis Oktober.)

Start und Ziel
Spiegelau, Parkplätze an den Bahnhöfen in Spiegelau und Grafenau; Verbindung mit der Waldbahn (ca. 20-minütige Fahrt).

Schwierigkeit: **leicht** - mittel - schwer
Dauer: **4:15 h**
Länge: **14,0 km**
Aufstieg **420 hm**
Abstieg **550 hm**

Höhenlinienmodell mit Streckenverlauf

Höhenprofil

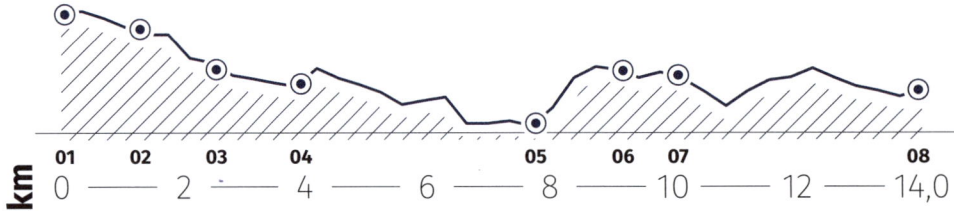

▶ Vom Bahnhof Spiegelau **01** gehen wir links leicht ansteigend hoch zur Hauptstraße, dann links, leicht abwärts, bis wir vor dem Gasthaus Genosko – kurz vor dem Bahnübergang – rechts abbiegen Richtung Naturbad. Anschließend schwenken wir aber links und wandern die leicht abfallende Schulstraße wieder zu den Gleisen hinab, biegen aber vor ihnen scharf rechts (Parkplatz Steinklamm und Pandurensteig markiert). Den Neuhammerweg entlang, vorbei am Parkplatz Steinklamm und der Pension Steinklamm im Ortsteil Luisenfels **02**, bis der Asphalt endet und ein Kiesweg in den Wald führt. Wir halten uns links, auf einem flachen, teils wurzeligen Pfad am Flussufer der

"Der Fluss des Lebens verträgt keine Kanalisierungen, denn die Vielfalt muss mäandern".

Raymond Walden (*1945) Kosmopolit, Pazifist und Autor

Großen Ohe **⏺** entlang. Über einen Steg **03** (mit Nepomukfigur) überqueren wir den Fluss, kommen auf einen freien Platz mit einem Gedenkstein und wandern rechts weiter in Richtung Großarmschlag. Bei der Verzweigung, wo die Forellen-Markierung geradeaus weist, biegen wir rechts auf einen nicht mar-

kierten Weg ab, der uns wieder in Ufernähe bringt. Wir passieren bei der ehemaligen Hirschthalmühle **04** eine Brücke, über die der Pandurensteig von links zu uns stößt, gehen weiter auf der linken Seite des Flusses und der Kiesweg steigt leicht an.

Wir gelangen zu einer Verzweigung und folgen dem Pandurensteig nach rechts, jetzt leicht bergab. Bei der nächsten Verzweigung bleiben wir geradeaus, überqueren große Wasserrohrleitungen, es geht steiler bergab, wir machen eine Rechtskehre und wandern dann geradeaus Richtung Stausee Hartmannsreit **05**. Am kaum sichtbaren, von Wald umgebenen See geht es rechts haltend auf schmalem grünen Pfad am steilen Waldhang zunächst wieder bergauf, dann verlassen wir mit dem Pandurensteig den breiten Forstfahrweg und wandern auf einem Waldweg abwärts. Wir treffen unten auf ein Asphaltsträßchen, durchschreiten eine schöne Talsohle am Waldrand und folgen weiter dem wieder spürbarer ansteigenden Pandurensteig. Zuletzt über Wiesen stoßen wir auf eine kreuzende Kiesstraße und schwenken nach rechts. Wir passieren die schöne Bäralm, der Kiesweg geht in Asphalt über und einer kreuzenden Asphaltstraße folgen wir rechts abwärts zu den Häusern von Grafenhütt **06**. Am Ortsende bei einer kleinen Kapelle überqueren wir eine kreuzende Asphaltstraße und wandern weiter

geradeaus auf dem Pandurensteig, bald wieder auf Kies. Über eine aussichtsreiche Wiesenhochfläche kommen wir wieder auf Asphalt, wandern nach Bärnstein **07** hinab, stoßen auf eine Asphaltstraße und machen einen scharfen Linksknick. Gleich nach dem ersten Haus biegen wir aber wieder rechts ab („Bannfrieden"), treffen wieder auf den Pandurensteig und gehen links weiter auf dem Asphaltsträßchen bergab.

Unten überqueren wir die Bundesstraße, steigen auf Asphalt rechtshaltend („Frauenberg") in Richtung Grafenau leicht bergauf zum Wald. Der breite Waldweg verengt sich, trifft auf einen Kiesfahrweg, dem wir in einem scharfen Linksknick folgen. Auf und Ab verläuft der mal mehr, mal weniger breite Weg durch den Wald, bis wir zuletzt abwärts am Waldrand entlang eine Wiesenlichtung umrunden und unten erneut auf die Bundesstraße treffen. Auf einem Forstweg schwenken wir rechts und wandern entlang der Straße Richtung Grafenau. Mit der Markierung Stadtmitte biegen wir links ab, unterqueren die Bundesstraße unter einer Brücke und wandern auf dem Gehweg zunächst leicht abwärts, überqueren einen Bach und kommen geradeaus wieder leicht ansteigend über die Bahnhofstraße zum großen Parkplatz beim Bahnhof Grafenau **08**.

Dein Moment für die Ewigkeit

Was bedeuten diese Zahlen?

Das Bild wurde mit folgenden Werten aufgenommen: 1/80, Iso 1600, f2.8, 75 mm.
1/80 steht für die Belichtungsdauer. Iso 1600 ist die eingestellte Lichtempfindlichkeit.
f2.8 ist eine weit geöffnete Blende. Und 75 mm ist je nach Sensor eine Brennweite die das
Motiv etwas näher heranrückt, als wir mit unserem Auge sehen.

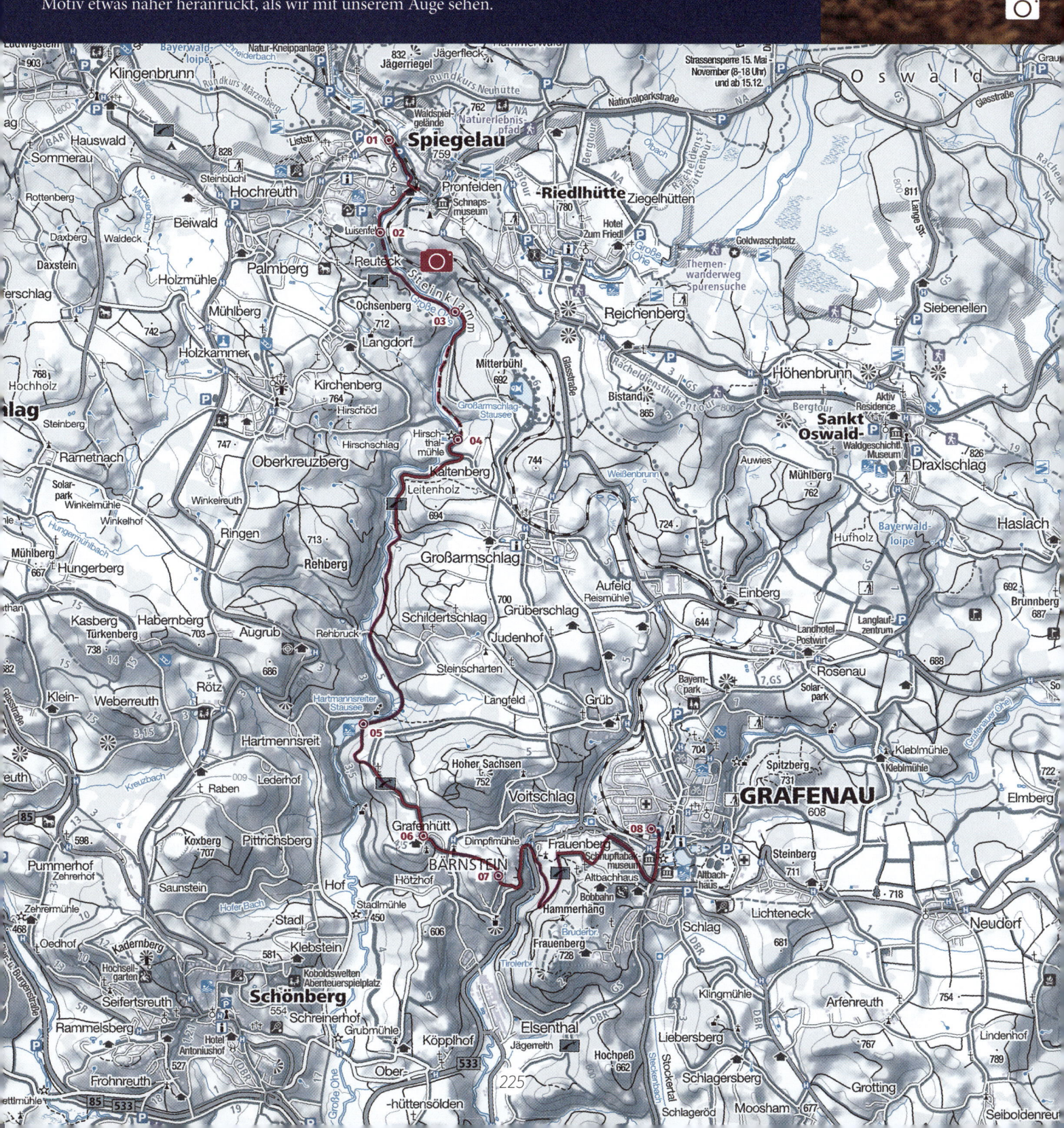

29 Bergblick, Bob und Bungy

Der Aussichtsturm auf dem 1.008 Meter hohen Mehliskopf
stammt aus dem Jahre 1908 und bildet einen merkwürdigen Kontrast zu den touristischen Einrichtungen auf diesem vielfrequen-
tierten „Freizeitberg" an der Schwarzwaldhochstraße.

Bilder von: **Johannes Nickel**
@johannesnickel

Sand – Mehliskopf – Herrenwies

Tourencharakter
Leichte Wald- und Panoramawanderung auf überwiegend bequemen Wegen.

Start und Ziel
Sand (813 m), Parkplatz und Bushaltestelle bei der Sand-Kapelle an der Kreuzung der Schwarzwaldhochstraße Baden-Baden – Freudenstadt (B 500) mit der Passstraße von Forbach – Raumünzach (S-Bahnhof der Murgtalbahn) nach Bühlertal und Bühl.

Schwierigkeit: **leicht** - mittel - schwer
Dauer: **2:30 h**
Länge: **8,6 km**
Aufstieg **255 hm**
Abstieg **255 hm**

Höhenlinienmodell mit Streckenverlauf

Höhenprofil

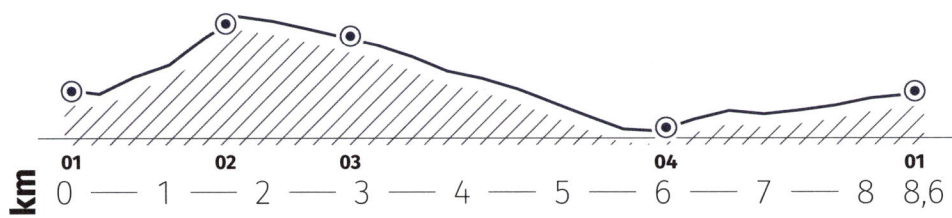

Rasant im imaginären Eiskanal durch blühende Wiesen düsen,
würzige Schwarzwaldluft um die Nase und anschließend gepflegt entspannen.

Verlockung zur Bobbahn auf www.mehliskopf.de

Der Aussichtsturm auf dem Mehliskopf bietet einen herrlichen Blick über die Täler und Höhen des Nordschwarzwalds einschließlich des Nationalparks Schwarzwald.

▶ Von der Ampelkreuzung zwischen der Kapelle Sand **01** und dem (ehemaligen) Kurhaus folgt der mit dem Zeichen rote Raute markierte Westweg kurz der Schwarzwaldhochstraße Richtung Freudenstadt, bis die Markierung gelbe Raute am Schwarzbergle links in den Mehliskopf-Skihang abzweigt. Seit über drei Jahrzehnten gehören die Abfahrten am Mehliskopf mit Liften von 800 und 400 m Länge zu den größten Wintersportanlagen an der Schwarzwaldhochstraße. Die Flutlichtanlage ermöglicht Abfahrten bis 22 Uhr, und wenn die winterliche Pracht zu wünschen übrig lässt, werden die Pisten mit Schneekanonen befeuert. Vom Skihang führt der gelb markierte Rundwanderweg zurück in den Wald und er-

reicht den Mehliskopfturm **02** 📷 . Der Aussichtsturm bietet einen herrlichen Blick über die Täler und Höhen des Nordschwarzwalds, die Hornisgrinde ist in Sicht – es lohnt sich, ein Fernglas dabeizuhaben. Der Mehliskopf erhebt sich zwischen der Schwarzwaldhochstraße und dem Schwarzenbachtal bei Herrenwies, im Osthang verläuft die Grenze des Nationalparks Schwarzwald. Vom Aussichtsturm senkt sich der Riesenkopf-Rundweg zur Verzweigung Östliche Dreikohlplatten **03**, die bereits im Nationalpark liegen, und führt durch die Nationalparkwälder nordwärts, im Grünwinkel rechts hinab ins Kirchdorf Herrenwies **04** auf einer Rodung in den Hängen des Schwarzenbachtals. Nach Queren der Durchgangsstraße folgt die gelbe Raute einem Naturerlebnispfad hangaufwärts zur Kirche und wendet sich dahinter am Waldrand links. Nach kurzer Waldwanderung ist wieder der Ausgangspunkt bei der Kapelle Sand **01** erreicht.

Mach dich klein

Spiel mit deiner Position zum Motiv und beobachte, wie sich die Größenverhältnisse ändern. Von der Grasnarbe aus aufgenommen ragt der Turm gleich imposanter auf. Das nennt man auch die Froschperspektive.

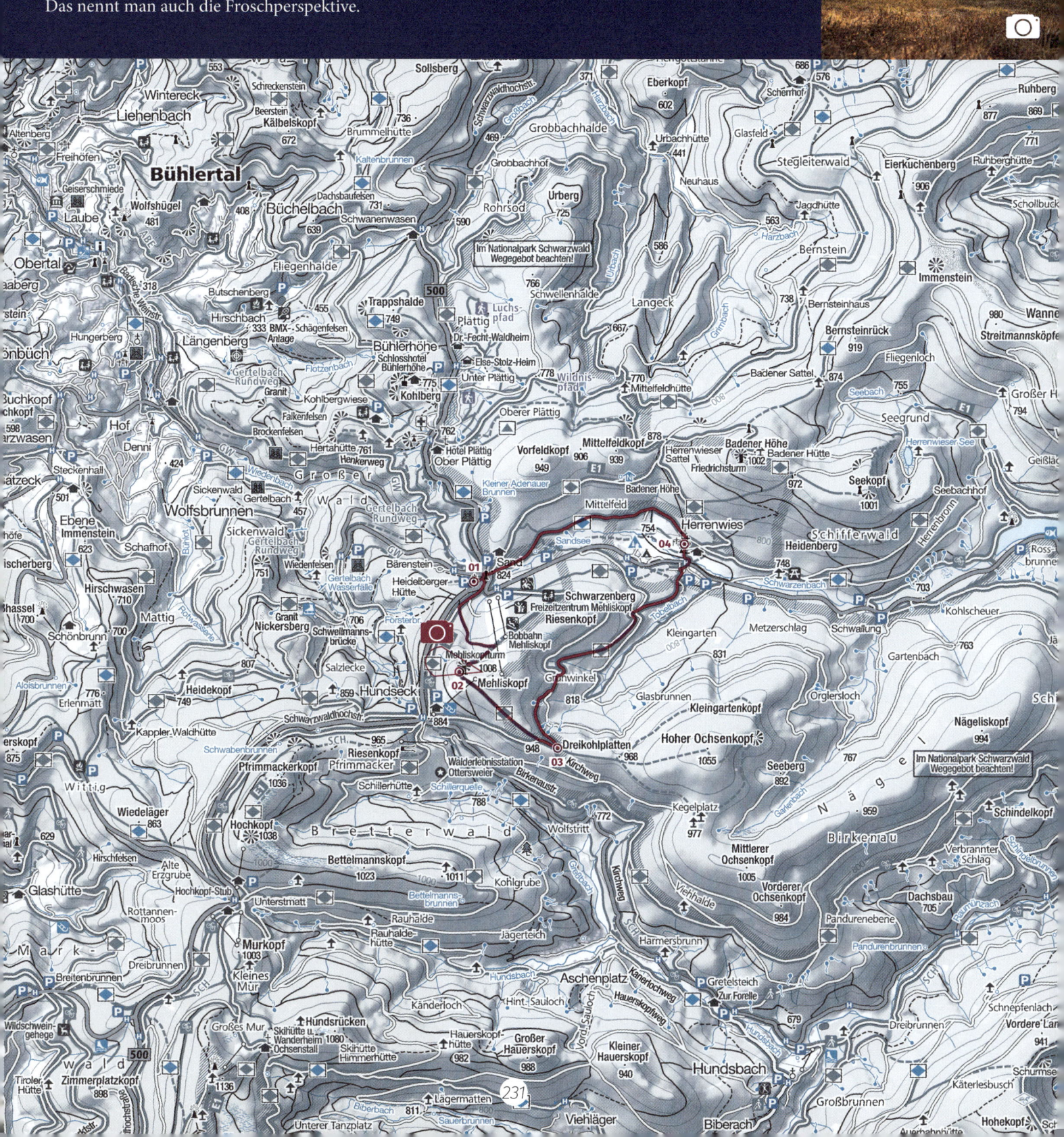

30 Holzliege-Horizont

So lang die eigenen Beine auch sein mögen: Die hölzerne Chaise-
longue auf dem Stübenwasen ist länger. Sie misst 44 Meter und
gilt damit als die ausgedehnteste Panoramaliege der Welt.

Bilder von: Michael Corona @michael._.corona

Auf den Stübenwasen   1386 m

Tourencharakter
Überwiegend breite Forst- und Wiesenwege, kurze Wiesenpfade.

Start und Ziel
Todtnauberg, Radschert, Wanderparkplatz.

Schwierigkeit: **leicht** - mittel - schwer
Dauer: **3:00 h**
Länge: **8,5 km**
Aufstieg **242 hm**
Abstieg **242 hm**

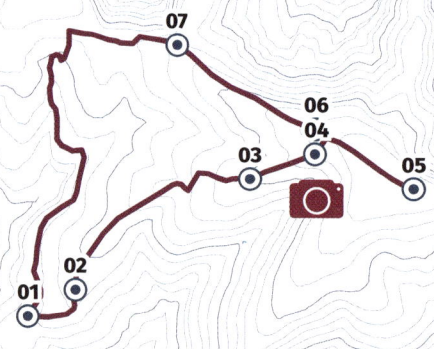

Höhenlinienmodell mit Streckenverlauf

Höhenprofil

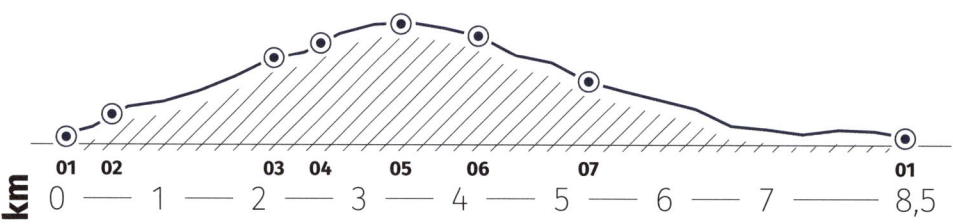

„Was ohne Ruhepausen geschieht, ist nicht von Dauer".

Publius Ovidius Naso (Ovid, 43 v. Chr. bis 17 oder 18 n. Chr.)

Der waldfreie Stübenwasen gehört zu den höchsten Schwarz-waldgipfeln und seine Hochflächen sind im Sommer ein be-liebtes Wander- und im Winter ein viel besuchtes Skigebiet.

▶ Wir starten vom Wanderparkplatz Radschert **01**, oberhalb von Todtnauberg, gehen am Infohäuschen vorbei und folgen der blauen Raute auf einem leicht ansteigenden, breiten Weg in Richtung Jakobuskreuz. Mit herrlichem Alpenblick, vorbei an einer ausgefallenen Sitzgelegenheit, wandern wir durch das Wiesengelände hoch zur Pos. Jakobuskreuz **02**. Etwas unter-halb können wir durch ein Fernrohr die Aussicht bis zum Mont Blanc genießen. Rechts zweigt der Heidegger-Rund-

weg ab, wir gehen geradeaus, an einem mächtigen Baum vorbei, und folgen dem Waldrand leicht ansteigend. Der stets leicht bergaufführende breite Kiesweg verläuft in Keh-ren durch ein Waldstück, das immer wieder Ausblicke nach rechts zulässt.

Am Waldende erreichen wir die Kegelrieshütte **03** und treten in freies Wiesengelände. Der Forstweg macht eine Rechtskehre, wir bleiben aber geradeaus, folgen dem ansteigenden Wiesen-pfad, der uns direkt hoch zur längsten Baumliege **04** 🔴 der Welt führt. Grandiose Fernsicht über Todtnauberg hinweg bis in die Alpen. Wenige Meter oberhalb stoßen wir vor dem Stübenwasenkreuz auf einen Kiesweg. Nach rechts wandern wir ein paar Meter über den kahlen Bergrücken zum höchsten Punkt bei der Pos. Stübenwasen **05**. Wieder zurück und am vergoldeten Kreuz **06** geradeaus folgen wir dem herrlichen Höhenweg zunächst eben, dann leicht fallend zum Waldrand und weiter hinab zum Gasthaus Stübenwasen **07**. Wir überqueren den breiten Kiesweg und marschieren auf dem mit roter Raute markierten Weg am Waldrand entlang leicht bergab, links flankiert uns eine eingezäunte Wiese. Am Waldrand schwenken wir links (rote Raute), stoßen auf die breite Kiesstraße, die wir abgekürzt haben, und folgen ihr nach rechts. Nach ein paar Metern macht der Kiesfahrweg eine scharfe Linkskurve bei der Pos. Langenmoos, und hier verlassen wir den Fahrweg nach rechts, gehen auf dem breiten Forstweg geradeaus (rote Raute). Bei einer nicht markierten Abzweigung nach links biegen wir ab und wandern auf dem ebenfalls breiten Weg leicht bergab.

Wenig später, bei einer scharfen Rechtskehre, tauchen Holzschilder links am Baum auf, die uns die Richtung Todtnauberg/Radschert anzeigen. In einer S-Kurve geht es bergab, es wird lichter und mehrere Bächlein unterqueren unseren Weg. Der Weg verzweigt sich, wir halten uns links und folgen den Markierungen. Links und rechts begleiten uns schmale Bächlein, auf der rechten Seite vertieft sich der Waldhang zu einer Art Tobel. Nach einer Linkskehre lichtet sich der Wald und öffnet uns den Blick nach rechts in ein schönes Wiesental.

Unterhalb des Waldrandes traversieren wir am Hang entlang und wandern in einem großen Rechtsbogen auf das sichtbare Sträßchen am Gegenhang zu. Dem vom Gasthaus Stübenwasen herabführenden Asphaltsträßchen folgen wir dann am Waldrand entlang nach rechts und wandern fast eben zurück zum Wanderparkplatz Radschert **01**, den wir bald vor uns liegen sehen.

Dein Moment für die Ewigkeit

Setz dich dazu

Nicht nur dass Michael mit der Positionierung seiner Beine im Bild die Perspektive der Bank noch unterstreicht, er zieht den Betrachter regelrecht mit ins Bild. Dieser Trick funktioniert nicht nur mit den Beinen oder Füßen, auch Hände können dem Betrachter in das Bild helfen.

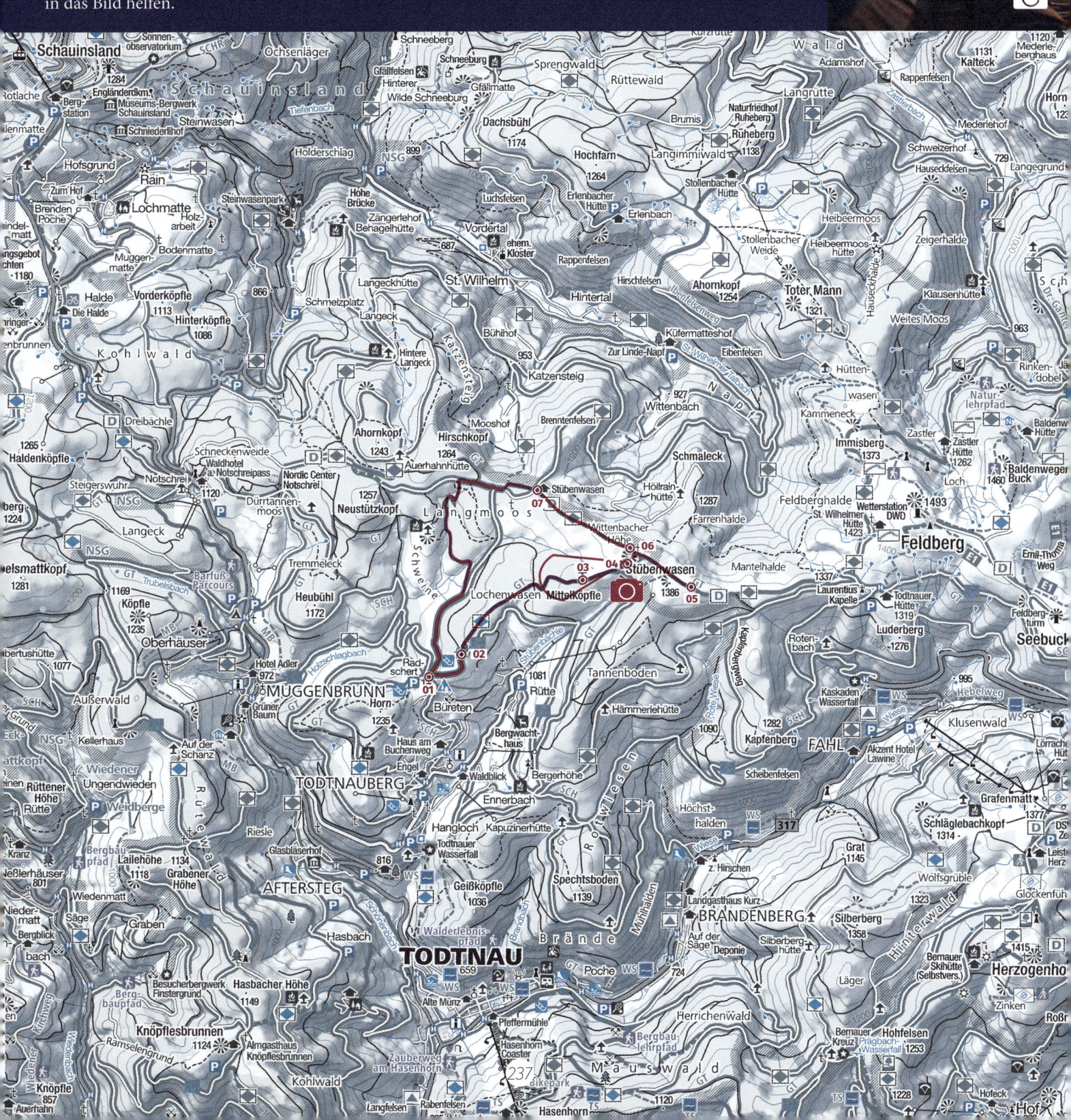

31 Top of Schwarzwald

Zugegeben: Ein unberührtes Wanderziel ist der Feldberg, der 1.493 Meter hohe Kulminationspunkt des Schwarzwalds natürlich nicht. Doch immer noch gibt es stille, schmale und steinige Pfade, die zu ihm hinaufführen.

Bilder von: **Michael Corona @michael._.corona**

Auf den Feldberg 1493 m

Tourencharakter
Breite Wanderwege, die immer wieder durch schmalere und teils steinige Pfade unterbrochen werden: Im Abstieg zur Zastler Hütte, im Sägebachschlagsteig zur Reimartihütte sowie im Aufstieg vom Feldsee.

Start und Ziel
Parkplatz Grafenmatt, Passhöhe (1.230 m), an der B 317

Schwierigkeit: leicht - **mittel** - schwer
Dauer: **5:15 h**
Länge: **16,1 km**
Aufstieg **584 hm**
Abstieg **584 hm**

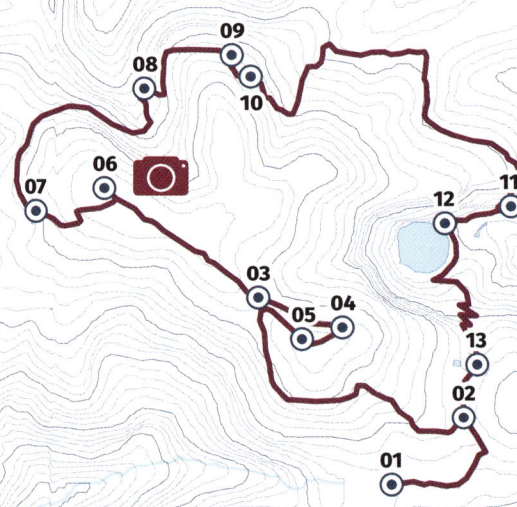

Höhenlinienmodell mit Streckenverlauf

Höhenprofil

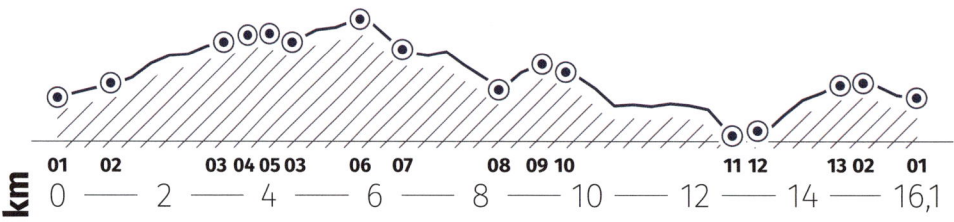

> „Es schien mir sinnlos, von den Wundern der Ferne immer nur zu träumen, ich wollte sie erleben".
>
> Herbert Tichy, österreichischer Bergsteiger und Journalist (1912–1987)

Der „Höchste", wie der Feldberggipfel auch oft genannt wird, ist ein touristisch außergewöhnlich stark erschlossenes Ausflugsziel. An den Fuß des Feldbergs gelangt man per Pkw und Bus, zum Seebuck über eine Kabinenseilbahn und der Feldberggipfel ist durch eine befestigte Zufahrtsstraße für Radfahrer erreichbar. Darüber hinaus reiht sich eine ganze Reihe bewirtschafteter Hütten rund um das Gipfelmassiv.

▶ Vom Parkplatz Grafenmatt **01** an der Passhöhe überqueren wir die Straße, gehen rechts unter der Skiüberführung hindurch und steigen auf einem Asphaltsträßchen an. Vorbei an der Feldbergkirche und der Einfahrt zur Parkgarage gelangen wir zum Haus der Natur **02** und wandern links hoch zum Beginn des Feldbergsteigs, einem riesigen Steintor mit Infotafeln. Auf dem asphaltierten Franz-Klarmeyer-Weg steigen wir gemächlich über den freien Wiesenhang an, verlassen ihn kurz geradeaus über einen gekiesten Abkürzungsweg, und folgen dem Sträßchen in Kehren hoch zum Grüblesattel **03**. Wir schwenken rechts, wandern zum Bismarckdenkmal **04** hinauf und hinüber zum nahen Feldbergturm **05**, ein wunderbarer Aussichtsturm, der seit 2013 ein viel besuchtes Schinkenmuseum beherbergt. Wieder zurück beim Grüblesattel **03** halten wir uns an den rechten, gekiesten Weg, der über den Grasbuckel hochzieht, das kreuzende Asphaltsträßchen zunächst überquert und kurz vor dem Fernsehturm und dem Aussichtsrondell in dieses einmündet. Vom Feldberggipfel **06** ◯ folgen wir der Markierung „Feldbergsteig" in Richtung Reimartihof. Ein steiniger Pfad führt steiler bergab, vorbei an der Pos. Oberhalb Todtnauer Hütte, und bringt uns an einem Weidezaun entlang hinab zur St. Wilhelmer Hütte **07**. Unterhalb der Hütte schwenken wir nach rechts, zunächst flach, dann verlassen wir den breiten Weg und steigen auf einem schmäleren Pfad am Hang entlang an. Wir erreichen den Wald, Pos. Oberhalb Zastler Hütte, ignorieren rechts eine Abzweigung hoch zum

Feldberg, und gehen auf dem felsiger werdenden Steig durch lichten Wald geradeaus weiter. Wir überqueren einen Bach bei einem kleinen Wasserfall, der schmale Pfad führt nun bergab und verläuft zuletzt auf einem Bohlensteg, der über feuchtes Gelände leitet, zur Zastler Hütte **08**. Ein Kiesweg bringt uns leicht abwärts zu einer Verzweigung, Pos. Freiburger Hütte, wo wir rechts auf einem breiten geschotterten Weg in den Wald hoch ansteigen und zum Naturfreundehaus **09** gelangen. Auf dem breiten Asphaltweg ist kurz darauf die Baldenweger Hütte **10** erreicht.

Wir folgen dem Asphaltsträßchen noch ein Stück bergab, biegen in einer scharfen Kurve aber rechts ab auf einen schmalen Steig in Richtung Wald. Der wurzelige Pfad fällt nach einer markanten Rechtskehre ab, führt auf einem Steg über einen Bach und verläuft streckenweise wieder auf Holzbohlen über feuchte Waldstellen. Wir überqueren abwärtsgehend zwei weitere Brücken und stoßen bei der Pos. Abzw. Sägebachschlagsteig auf einen breiten Kiesweg. Wir schwenken nach rechts, folgen dem breiten Fahrweg, halten uns bei der nächsten Verzweigung wieder rechts, verlassen den breiten Weg und weichen rechts auf den schmäleren Pfad aus, der etwas stärker bergab führt. Unten ist der Reimartihof bereits zu sehen.

Am Waldrand entlang bergab erreichen wir die Forststraße und machen einen kurzen Abstecher nach links zum Reimartihof **11**. Über diese Forststraße gelangen wir links in wenigen Minuten leicht abwärts zum Feldsee. Wir halten uns links Richtung Wald und wandern über eine kleine Brücke auf einem felsigen Pfad zunächst wieder aufwärts. In leichtem Auf und Ab geht es am Ufer entlang, vorbei an Infotafeln, zur Pos. Feldsee **12**. Auf einem stetig ansteigenden, felsigen Serpentinenweg geht es zum Waldrand hoch, dann wird der Weg flacher, wir erreichen kurz darauf die Seebuckhütte **13** und wandern am Haus der Natur vorbei auf dem Hinweg hinab zum Ausgangspunkt.

Dein Moment für die Ewigkeit

Perfekt komponiert

Egal wie gut deine Fotoausrüstung – auch wenn es nur deine Handykamera – ist, entscheidend ist der Bildaufbau. Damit ist die Einteilung des Bildes gemeint, die Anordnung der Elemente, die Aufteilung in mehrere Ebenen und die Wahl und Platzierung von Motiven.

243

32 Alpenblick am Bodensee

Sie sind schwer zu finden, aber hier gibt es sie: Die Gewinner des Klimawandels. In Form von Weinreben und zwar jene, die trockenes und warmes Klima bevorzugen. Der Weinanbau hat hier eine lange Tradition. Eine wichtige Rolle spielt dabei der Wärmespeicher Bodensee und Föhnwinde aus den Bergen.

Bilder von: **Thomas Hennerbichler** @lichtar.at

Weinkundeweg nach Hagnau

Tourencharakter
Den Puls des Schwäbischen Meeres spüren. Bestens beschilderte Wirtschaftswege und Uferpromenaden mit kaum spürbaren Anstiegen.

Start und Ziel
Meersburg, Bushaltestelle am alten Kino, 444 m;
Parkplatz nebenan in der Schützenstraße.

Schwierigkeit: **leicht** - mittel - schwer
Dauer: **2:30 h**
Länge: **8,9 km**
Aufstieg **60 hm**
Abstieg **60 hm**

Höhenlinienmodell mit Streckenverlauf

Höhenprofil

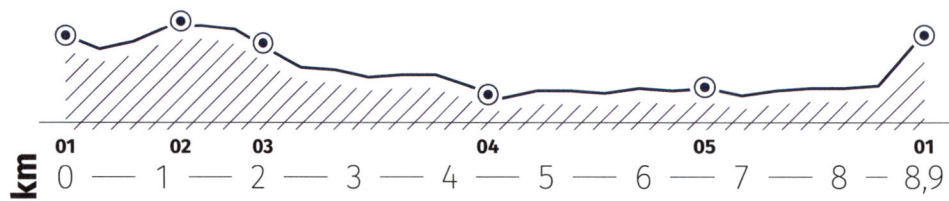

Bodensee:
Ach tut mir mein Herz so weh,
wenn ich im Glas den Boden seh!

www.aphorismen.de

Die badische Kleinstadt zählt zu den Hauptsehenswürdigkeiten am Bodenseenordufer. Unvermittelt steigt die Unterstadt vom Wasser auf. Wahrzeichen sind die trutzige Burg und daneben das barocke Schloss. Verschachtelt und verwinkelt türmt sich die an den Sonnenhang gebaute Oberstadt, in deren Gassen man noch heute einen Hauch Mittelalter verspürt.

▶ Das Schild „Höhenweg Hagnau über Wetterkreuz" verweist am Obertor in Meersburg **01** auf den Bodensee-Rundwander-

weg. Nach dem Staatsweingut Meersburg vermittelt der meist flache Meersburger Weinkundeweg (ein geteerter Wirtschaftsweg) Wissenswertes über den Weinbau und natürlich auch über die verschiedenen hier angebauten Rebsorten. Dieser Abschnitt unseres Weges erschließt einen der faszinierendsten Bereiche des Nordufers.

Am Wetterkreuz **02** 📷 mit der vergoldeten Figur des Christusbrunnens erwartet uns ein prächtiges Rastplätzchen. Die

Panoramatafel erklärt die Bergwelt rund um den Bodensee. Weiter geht es durch die von der Sonne verwöhnten Weinberge über dem Bodensee. Die Kriegsgräberstätte Lerchenberg **03** überwältigt abermals mit einem traumhaften Ausblick. Hier möchte man zum Dichten anfangen! Wir bleiben im weiteren Verlauf auf dem geteerten Weg, dem HW 9, bis die Tafel auf einen Wanderweg lenkt. In einem Waldtobel überschreiten wir auf einem Fußgängersteg ein leise plätscherndes Bächlein, dann leiten Holzschwellen nach Hagnau **04**. Ein Schild weist zur Schiffslände.

Der zurückführende Weinkundeweg folgt nun der stillen Uferpromenade, vorbei am Gut Haltnau **05**. Paradiesische Badeplätze verleiten im Sommer immer wieder zu Pausen. Nach den Yachthäfen „Meersburger Yachtclub" und „Waschplätzle" treffen wir wieder in Meersburg **01** ein.

Linien erkennen

Natürliche Linien aus der Lanschaft müssen unbedingt beachtet werden. Es gehört schon ein genauer Plan dazu, wenn man den Horizont nicht waagrecht gestaltet. Gerade bei einem See oder dem Meer sollte das Bild gerade ausgerichtet sein. Sonst „rinnt" das Wasser aus.

33 Trubel im Tobel

Eine Schlucht heißt im Allgäu „Tobel". Und Tobel gibt's viele zwischen dem Bodensee und dem Schloss Neuschwanstein. In einem ihrer schönsten zischen die Scheidegger Wasserfälle über die Köpfe ihrer Besucher hinweg.

Bilder von: Fabian Künzel @fabian_kuenzel

Zu den Scheidegger Wasserfällen

Tourencharakter
Voralpenwanderung auf Landwirtschafts- und Forstwegen, Ufer- und Waldpfaden; die Treppen zu den Wasserfällen sind steil, aber gut gesichert (Eintrittsgebühr).

Start und Ziel
Lindenberg im westlichen Allgäu, 762 m, Parkplatz am Waldsee westlich des Ortes.

Schwierigkeit: **leicht** - mittel - schwer
Dauer: **4:00 h**
Länge: **10,5 km**
Aufstieg **190 hm**
Abstieg **190 hm**

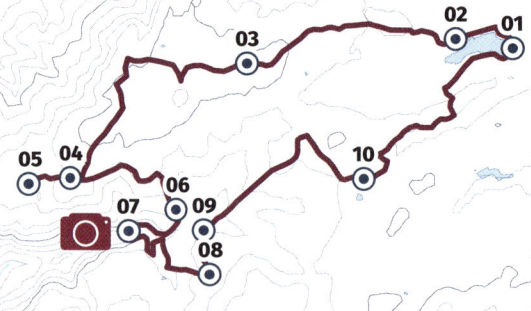

Höhenlinienmodell mit Streckenverlauf

Höhenprofil

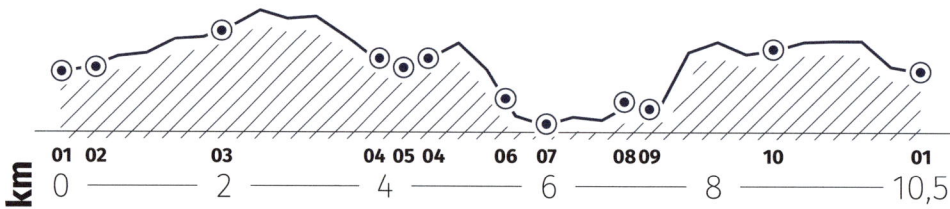

Die bis zu 200 Meter tief eingeschnittene Rohrachschlucht bei der Ortschaft Scheidegg zählt zu den schönsten Geotopen Bayerns. Direkt an der Grenze zum österreichischen Bundesland Vorarlberg stürzt der Rickenbach über beeindruckende Felsstufen – man kann sich sogar hinter eine der Kaskaden wagen, um das nasse Spektakel aus einer nicht alltäglichen Perspektive zu genießen. Der schönste Zugangsweg dorthin beginnt beim Waldsee des Hutmacherstädtchens Lindenberg. Dabei ist man zwischen Moor und Wald unterwegs, kommt an einer aussichtsreich gelegenen Kapelle vorbei und kann sich oberhalb der Wasserfälle bei einem Kiosk stärken. Kinder freuen sich auf ein Tiergehege und auf einen ungewöhnlichen Reptilienzoo.

▶ Vom Parkplatz **01** direkt am Waldsee wandern wir die geplättete Uferpromenade hinüber zum Hotel, schwenken nach links zum Schwimmbad und gehen geradeaus, nun auf Naturweg. Kurz darauf wieder links, der Beschilderung Allmannsried folgend, vorbei am eingezäunten Badegelände. Wir passieren rechts eine alte Maschine, die für den Torfabbau verwendet wurde, sowie eine Gerätehütte mit allerlei altem Werkzeug und eine Aussichtsstelle **02** mit einer Infotafel zum Hochmoor.

der ansteigend zu einem kreuzenden Sträßchen. Wir überqueren es und wandern auf einem Forstweg aus dem Wald hinaus. Mit herrlicher Aussicht queren wir auf schönem Wiesenpfad den Hang und schwenken dann rechts hinab auf ein Asphaltsträßchen zu. Auf ihm geht es nun ordentlich bergab, vorbei am Wanderstüble **06**, dessen Biergarten uns zur Rast lockt.

Wir überqueren nun die Vorfahrtsstraße und wandern rechts hinab zum Eingang der Wasserfälle. Über steile Eisentreppen, Holzstufen und viele enge Kehren steigen wir abwärts bis zum Ausguck beim 📷 Großen Wasserfall **07**: Der Rickenbach stürzt dort über 18 m in die Tiefe – ein wirklich beeindruckendes Szenario. Zurück am Eingang machen wir zunächst einen lohnenden Abstecher nach links über den Spielplatz zu den ausgeschilderten Aussichtspunkten und schließen dann noch den markierten Rundweg zum Kleinen Wasserfall an. Über eine eiserne Brücke wird der Bach überquert, anschließend kann man unterhalb der Felsen hinter dem Wasserfall vorbeigehen – so etwas gibt's nicht oft zu erleben! Die letzten Meter führen durch ein nettes kleines Tiergehege und bringen uns wieder zum Eingang der Wasserfälle.

„Das Wasser ist das schönste Ding der Welt."
(Thales von Milet, um 625–545 v. Chr.)

Wir bleiben bei einer Kreuzung geradeaus, durchqueren auf schmalem Pfad eine urtümliche Wald- und Moorlandschaft und orientieren uns Richtung Allmannsried **03**. Wir erreichen den Ort, zuletzt über freies Gelände und leicht ansteigend auf breiter gewordenem Forstweg. Fantastischer Ausblick nach links in die Allgäuer und Schweizer Berge. Wir folgen dem flachen Asphaltsträßchen geradeaus, bis beim Schild Rappenfluh der (neue) Wanderweg nach links ausgeschildert ist.

Wenig später bieten sich zwei Möglichkeiten an, wir folgen der beschilderten Variante nach Lötz, einem breiten, gekiesten Weg durch eine Waldschonung. Über einen Bachlauf führt der Weg als wurzeliger Pfad weiter und in den Wald hinein, dann scharf links und leicht ansteigend hoch zu einer Wiesenlichtung mit Bank. Nach dem Waldende eröffnet sich ein herrlicher Blick rechts bis zum Bodensee. Wir erreichen Lötz **04**, sind wieder auf Asphalt, und machen einen kurzen Abstecher nach rechts zur schön gelegenen St.-Wendelins-Kapelle **05**.

Zurück in Lötz **04** folgen wir dem Asphaltsträßchen Richtung Scheidegg, zunächst leicht absteigend in den Wald, dann wie-

Am Parkplatz gehen wir dann rechts vorbei, folgen dem Sträßchen Richtung Reptilienzoo, verlassen es in einer Rechtskurve und wandern links auf einem Forstweg leicht ansteigend durch ein kurzes Waldstück nach Bieslings **08**. Wieder auf Asphalt, vorbei an einer kleinen Kapelle, führt der Weg dann hinab zur Vorfahrtsstraße. Rechter Hand liegt der Reptilienzoo **09**, der mit tierischen Zeitgenossen aufwartet, die im Allgäu eher ungewöhnlich sind.

Über die Vorfahrtsstraße hinweg steigt der Kiesweg zum Wald hin an, bei einer Pfarrer-Kneipp-Tafel verlassen wir den breiten Weg und schwenken rechts in einen schmalen, wurzeligen Waldpfad ein. Wir treffen auf eine Asphaltstraße, folgen ihr nach rechts und biegen kurz vor Haus **10** scharf links ab Richtung Waldsee.

Am Waldrand folgen wir nun links und dann rechts dem Trimm-dich-Pfad-Schildern. Bei der Parcoursstelle Br. 14 geht's auf dem kreuzenden Kiesweg nach links und wir stoßen nach einer Kuppe auf den Seerundweg. Nach rechts gelangen wir ans Seeufer und sind kurz darauf zurück am Ausgangspunkt beim Parkplatz **01** am Waldsee.

Wasserschleier

Das Bild zeigt einen märchenhaften Wasserschleier. Dieser Effekt wird durch eine längere Belichtung erzeugt. Das Bild wurde mit einer Belichtungszeit von 2 Sekunden aufgenommen. Um diese Belichtungszeit bei Tageslicht zu erreichen, braucht es einen Graufilter.

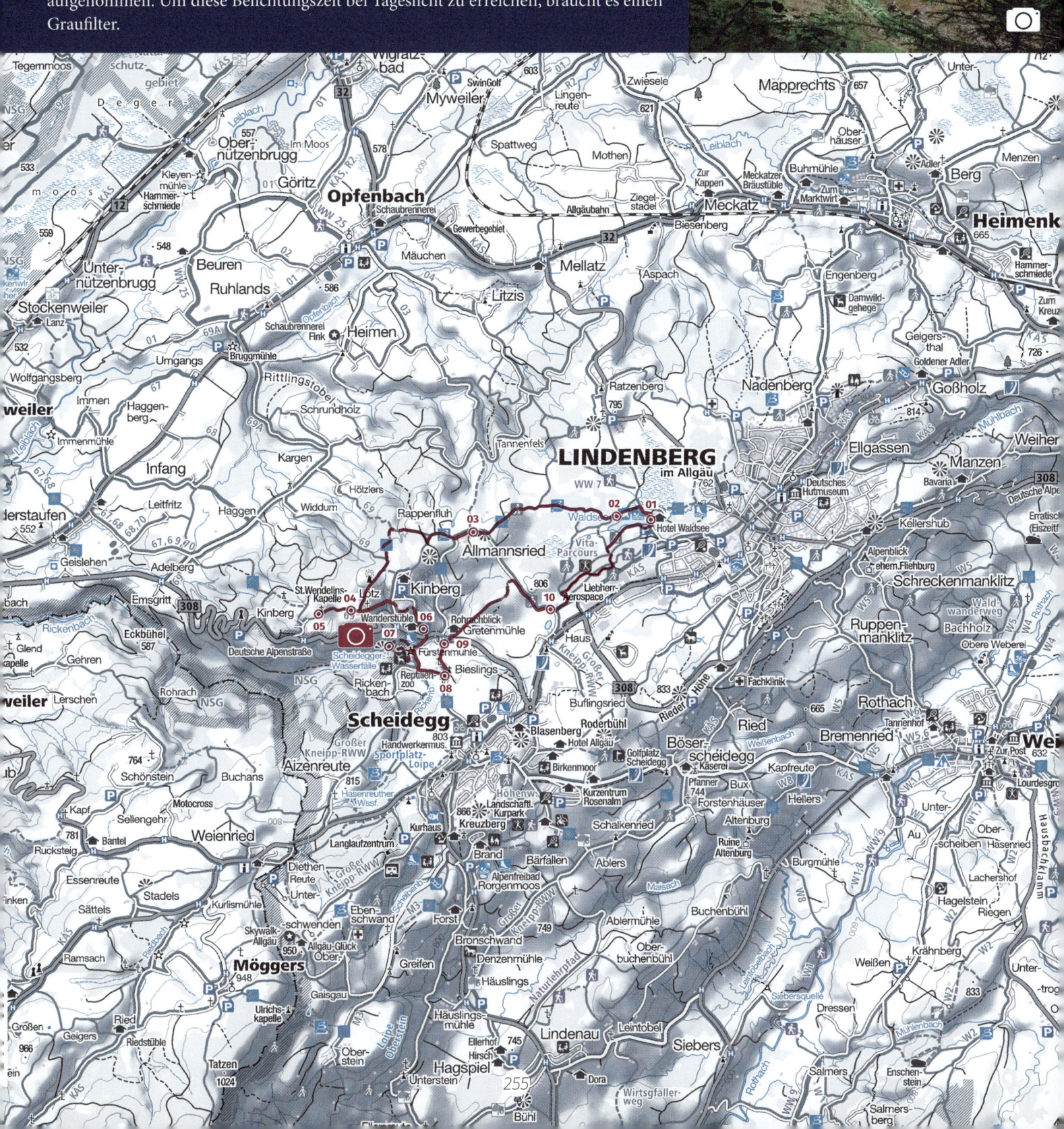

34 Nymphenburger Parktour

Understatement war die Sache der Bayerischen Kurfürsten nicht. Aus dem 1664 beauftragten „Lusthauß Nymphenburg" wurde bis 1726 eines der größten Königsschlösser Europas, dessen Länge – 632 Meter – selbst Schloss Versailles übertrifft. Auch im dazugehörigen Landschaftspark kann man viel Zeit verbringen.

Bilder von: **Tobias Nußmann**
@stadtlandschaftfluss

Im Nymphenburger Schlosspark

Tourencharakter
Leichter Spaziergang.

Start und Ziel
Schlossrondell, 508 m.

Schwierigkeit: **leicht** - mittel - schwer
Dauer: **1:45 h**
Länge: **5,7 km**
Aufstieg **10 hm**
Abstieg **10 hm**

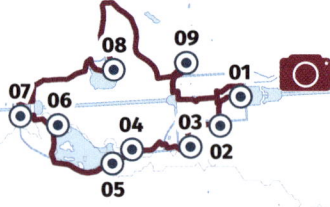

Höhenlinienmodell mit Streckenverlauf

Höhenprofil

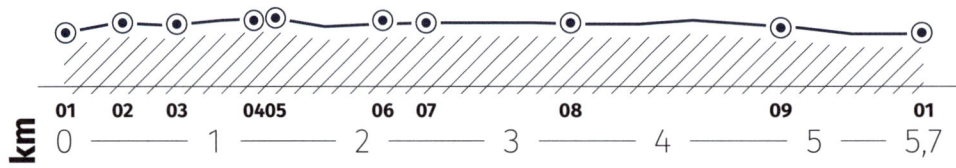

„Fahren Sie gar nicht erst woanders hin, ich sage Ihnen,
es geht nichts über München. Alles andere in Deutschland ist Zeitverschwendung".

Ernest Hemingway (1899–1961)

Sehr beliebter, kurzweiliger Parkspaziergang mit vielen Variationsmöglichkeiten. Am schönsten im Frühling, wenn die Blumenpracht voll entfaltet ist.

▶ Den Rundgang beginnen wir am Schlossrondell **01**, gehen direkt auf das Schloss Nymphenburg 🔳 zu und links des Hauptgebäudes in den Schlosspark hinein. Gleich hinter dem Schloss biegt man links ab, folgt dem Wegweiser zur Amalienburg und biegt hinter der Kanalbrücke rechts ab. Dann gehen wir am Brunnen beim Hexenhäuschen **02** im Prinzengarten vorbei und erreichen die Amalienburg **03**. Bei der Amalienburg biegen wir links ab, gehen bei der nächsten Abzweigung rechts weiter und biegen gleich darauf wieder rechts ab, um

gleich hinter der Kanalbrücke links zu gehen. Dann kommen wir in das sogenannte Dörfchen. Im Dörfchen stehen Brunnhäuser und ein paar Wohnhäuser. Gleich hinter dem Dörfchen muss man links weitergehen und bei der folgenden, großen Wegkreuzung kurz vor der Badenburg kann man einen kleinen Abstecher zur Gruppe des Pan **04** machen. Die Darstellung steht links des Weges etwas im Unterholz versteckt bei einem kleinen Wasserfall. Dann wieder zurück zur Kreuzung und weiter zur Badenburg **05**, direkt neben dem großen See (auch Badenburger See genannt). Weit ausholend gehen wir nun am See entlang, halten uns bei den Verzweigungen rechts, um den Apollotempel **06** zu besuchen. Von ihm auf gleichem Weg zurück, dann aber nicht links abbiegen, geradeaus weiter und zur Kaskade **07**. Die Wasserfallanlage steht am Westende des Schlossparks. Wir gehen um sie herum, dann nach Norden weiter, biegen bei der ersten Verzweigung rechts ab und am Schluss einer kurzen Steigungsstrecke links, um dem Wegweiser zur Pagodenburg zu folgen. Rechts abdrehend über eine Brücke erreicht man schließlich die Pagodenburg **08** am Kleinen See (oder Pagodenburger See). Nach dem Schlösschen geht es über eine Brücke, und unmittelbar hinter ihr geht man nach links weiter, um dem Lauf eines schwungvollen Bächleins auf kurvigem Flanierweg zu folgen. Bei der nächsten Wegverzweigung gehen wir nach rechts und folgen dem Wegweiser zum Schloss bis zur nächsten Kreuzung. Dort halten wir uns links und gehen zur Magdalenenklause **09**. Die Gedenkstätte ist in ruinenartigem Stil gebaut und wirkt von außen verfallen, was sie aber nicht ist. Hinter der Klause schwenken wir rechts und gehen zum Schloss **01** zurück.

Dein Moment für die Ewigkeit

Gegensätze setzen

Malerische Szenerie: Orange und Blau teilen sich nicht nur wie hier die oberen Bild-hälften, sie liegen auch im Farbkreis gegenüber. Bringst du solche Farbkombinationen in deinem Bild unter, ergänzen sie sich gegenseitig – dein Bild wirkt harmonischer. Auch bei der Nachbearbeitung deiner Fotos kannst du das im Hinterkopf behalten.

35 Nasse Namen

Anno 818 erwähnte eine Urkunde erstmals einen *Uuirmseo*, der unter Kaiser Ludwig dem Bayern (1314–1347) *Wirmsee* hieß. Grund dafür ist ein Flüsschen namens Würm, das sein Wasser nach München trägt. Nachdem von dort immer mehr feine Leute kamen, hat man ihn 1962 nach seinem noblen Norduferort zum *Starnberger See* upgegradet.

Bilder von: **Nico Kaiser** @muxpix

Sankt Coloman   659 m

Tourencharakter
Weitgehend einsame, landschaftlich schöne und leichte Rundtour mit
Badegelegenheit im Buchsee.

Start und Ziel
Münsing, Kellerer Berg/Schwabbrucker Straße, 669 m.

Schwierigkeit: **leicht** - mittel - schwer
Dauer: **3:45 h**
Länge: **12,7 km**
Aufstieg **180 hm**
Abstieg **180 hm**

Höhenlinienmodell mit Streckenverlauf

Höhenprofil

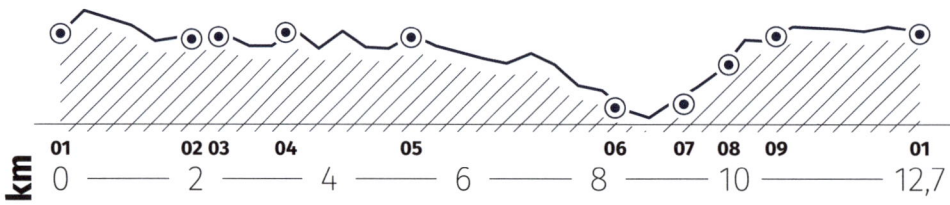

▶ Vom kleinen Parkplatz am Ende des Kellererbergs **01** geht man zur Schwabbrucker Straße hinab und auf ihr knapp 100 Meter nach Westen, bis der erste Schlepperweg rechts abzweigt. Auf ihm am Waldrand zur Autostraße hinauf und unmittelbar vor ihr nach links auf einen Kiesweg einbiegen. Er fällt im Wesentlichen nach Norden gering ab, führt über freies Feld, kurz durch einen Wald und dann als Wiesenweg

straße, der man nach links folgt. Im Wald, dann über freies Feld und in einem Linksbogen zur Straßeneinmündung bei Schwabbruck **04**. Am Ortsrand von Schwabbruck biegt man in die zweite Einmündung rechts ab, um dem Wegweiser nach Starnberg zu folgen. Rund 100 Meter hinter der Waldgrenze wählt man bei der Einmündung die linke Variante, um einer relativ breiten Kiesstraße zu folgen, die durch den Wald und

„Ein hohes Kleinod ist der gute Name".

Friedrich von Schiller (1759–1805)

direkt in den Biergarten des Wirtshauses am Buchsee **02**. Von dort kann man gegen geringes Eintrittsgeld zum Buchsee **03** hinabgehen und ein erfrischendes Bad nehmen. Der Weiterweg führt vom Wirtshaus auf einem Feldweg nach Norden weiter, später nach Nordosten und auf eine schmale Asphalt-

freie Wiesen zur Einmündung bei Weipertshausen führt. Etwa 50 Meter folgt man der Autostraße nach Norden und biegt sogleich links nach Weipertshausen ab. Aber schon bei der ersten Abzweigung halten wir uns rechts und auch beim ersten Feldweg geht es rechts herum zu einer Schlepperspur, die man links

abbiegend verlässt, um zum bewaldeten Hügel anzusteigen, auf dem die Kapelle Sankt Coloman **05** steht.

Auf gleichem Weg geht es wieder zurück nach Weipertshausen und nach Süden durch den Ort. Allerdings müssen wir kurz vor dem Ortsende rechts abzweigen und einem Fahrweg folgen, der über freie Wiesen (mit schönem Rückblick nach Sankt Coloman) und dann durch dichten Wald gegen Südwesten gering abfällt. Bei der Verzweigung halten wir uns rechts und kommen nach Ammerland **06** 📷, wo wir der Nördlichen Seestraße bis zur Ammerlander Hauptstraße folgen. Auf diese rechts einbiegen, rund 250 Meter weit am Ufer des Starnberger Sees entlang und dann nach links auf den Kapellenweg, auf dem wir direkt den Biergarten der Gastwirtschaft Gerer **07** erreichen.

Gut 100 Meter hinter der Wirtschaft zweigen in einer Linkskehre der Straße etliche Forstwege ab. Wir wählen den linken dieser Wege, der nach Südosten in den Wald führt und sich am Rande einer Lichtung verzweigt. Dort müssen wir links **08** abbiegen und in spürbarem Anstieg zur Verzweigung südlich von Staudach hinauf. Bei der Abzweigung rechts weiter, immer dem Hauptweg folgen und bei einem Wegedreieck nach links **09**, bis hinter dem Waldrand der Kirchturm von Münsing sichtbar wird. Anschließend geht es an einem Bauernhof vorbei, auf dem Asphaltweg zum Sportgelände mit der Wirtschaft Pinocchio und dem Fußweg folgend nach Münsing hinein.
Wir queren die Hauptstraße, folgen dem Kirchberg hinab und biegen links in die Schwabbrucker Straße ein, auf der der Ausgangspunkt **01** wieder erreicht wird.

Dein Moment für die Ewigkeit

Blaue Stunde

Die Zeit vor dem Sonnenaufgang und nach dem Sonnenuntergang ist für Fotografen besonders geeignet. Das Licht hat eine fast künstliche blaue Farbe. Der Name „Blaue Stunde" bezieht sich dabei eher auf den Zeitpunkt. Das Phänomen hält etwa 30 bis 50 Minuten an und wird durch den Sonnenstand von 4 bis 8 Grad unterhalb des Horizontes ausgelöst.

1 : 50 000

267

36 Kraft am Kochelsee

Die Idylle trügt ein wenig: Genau gegenüber der Bootshütte befindet sich das Walchensee-Kraftwerk, wo abgeleitetes Isarwasser
dank eines Höhenunterschieds von gut 200 Metern Strom erzeugt
– seit 1924.

Bilder von: **Mario Dobelmann**
@mariodobelmann_photography

Kochel – Schlehdorf   605 m

Tourencharakter
Unschwierige und kurzweilige Wanderung am Kochelsee mit interessanten Attraktionen

Start
Kochel am See, 609 m.

Ziel
Schlehdorf am Kochelsee, 609 m.

Schwierigkeit: **leicht** - mittel - schwer
Dauer: **2:30 h**
Länge: **10,6 km**
Aufstieg **30 hm**
Abstieg **20 hm**

Höhenlinienmodell mit Streckenverlauf

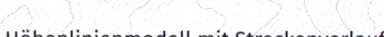

Höhenprofil

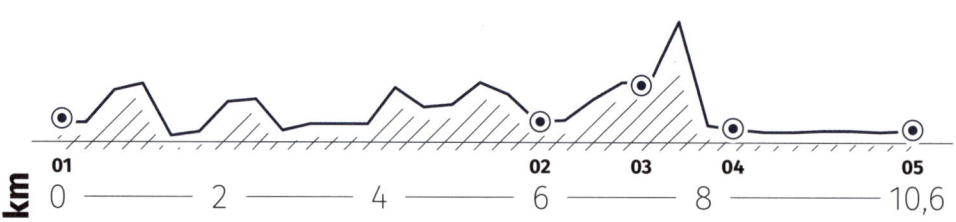

Das Walchensee-Kraftwerk gehört zu den größten
Hochdruck-Speicher-Kraftwerken Deutschlands.

www.walchensee.net

Auf dieser traumhaften Seewanderung gibt es gleich mehrere Glanzlichter: Das Freizeitbad Trimini in Kochel selbst,
auf halber Strecke das Walchensee-Kraftwerk und dahinter
ein spannender Felsensteig am Südufer des Sees. Sinnvoll
ist es, die Streckenwanderung in Kochel zu beginnen, dann
kommt man mit dem Bus wieder am Ausgangspunkt an.
Die Etappe zwischen Schlehdorf und Kochel würde entlang
einer stark befahrenen Autostraße verlaufen, weshalb man
sie nach der Wanderung besser mit dem Linienbus hinter
sich bringt.

▶ Bester Ausgangspunkt ist der Schmied-von-Kochel-Platz
mitten in Kochel **01**. Von ihm auf der Autostraße und hinter
dem Gasthof zur Post nach rechts dem Wegweiser zur Frei-
zeitanlage Trimini folgen. Hinter den Seestuben den Ufer-
weg nach links verlassen, dann nach rechts auf dem Fußweg
zur Bayerlandstraße. Auf ihr am Kriegerkreuz vorbei und
zur Autostraße hinauf. An ihrem Rand rechts weiter, am
sehenswerten Franz-Marc-Museum vorbei und rechts auf
eine breite Treppe hinauf. Am Seeufer neben dem Badeplatz
nach Süden und wieder nach links zur Mittenwalder Straße

hinauf, danach zwischen dem Werksgelände und dem Altersheim über eine Bachbrücke. Hinter dem Grauen Bär wieder zum See hinab. Vor dem Campingplatz noch einmal zur Straße und bei der deutlich beschilderten Abzweigung eines schmalen Fahrwegs nach rechts in Richtung Walchenseekraftwerk **02** abzweigen. Auf dem Sträßchen zum Kraftwerk mit dem Informationszentrum und der offenen Maschinenhalle. Gleich hinter den mächtigen Wasserrohren nach rechts schwenken und einem Fahrweg folgend bei der Verzweigung geradeaus weiter. Unmittelbar hinter der Abzweigung nach links über einen Bach. Anfangs auf einem forstwirtschaftlichen Weg dahin. Dieser verjüngt sich immer mehr, bis er als Wanderweg am steilen Seeufer dahinführt. Die wenigen ausgesetzten Stellen sind durch ein solides Drahtseilgeländer gesichert. Es braucht

also niemand Angst zu haben, in den See zu fallen. Wer sich traut, kann nach rechts zum Kreuz auf der „Nase", einem felsigen Vorsprung, hinaufsteigen und von diesem ausgesetzten Platz **03** einen eindrucksvollen Ausblick genießen. Anschließend verläuft der Felsensteig scharf geschnittene Felsenwände entlang und weitet sich wieder zu einer bequemen Promenade. Dann schwenkt man nach rechts ab und kommt nach Raut **04**. Durch die Siedlung auf dem Fahrweg nach Norden und weiter nach Schlehdorf **05**.

Dort hält das Seeufer eine malerische Kulisse bereit 📷. Beim Klosterbräu nach links abdrehend zur Hauptstraße und zur Post weiter, wo der Linienbus hält. Er bringt den müden Wanderer nach Kochel zurück.

Dein Moment für die Ewigkeit

Inspiration – Perfektion

Orientiere dich an Bildern die dir gefallen und versuche zu analysieren, welche Elemente dir gefallen. Von den Besten lernt man auch am schnellsten. Oft sind es wenige wiederkehrende Faktoren die man sich lieber abschaut, als mühsam selbst erkennen muss.

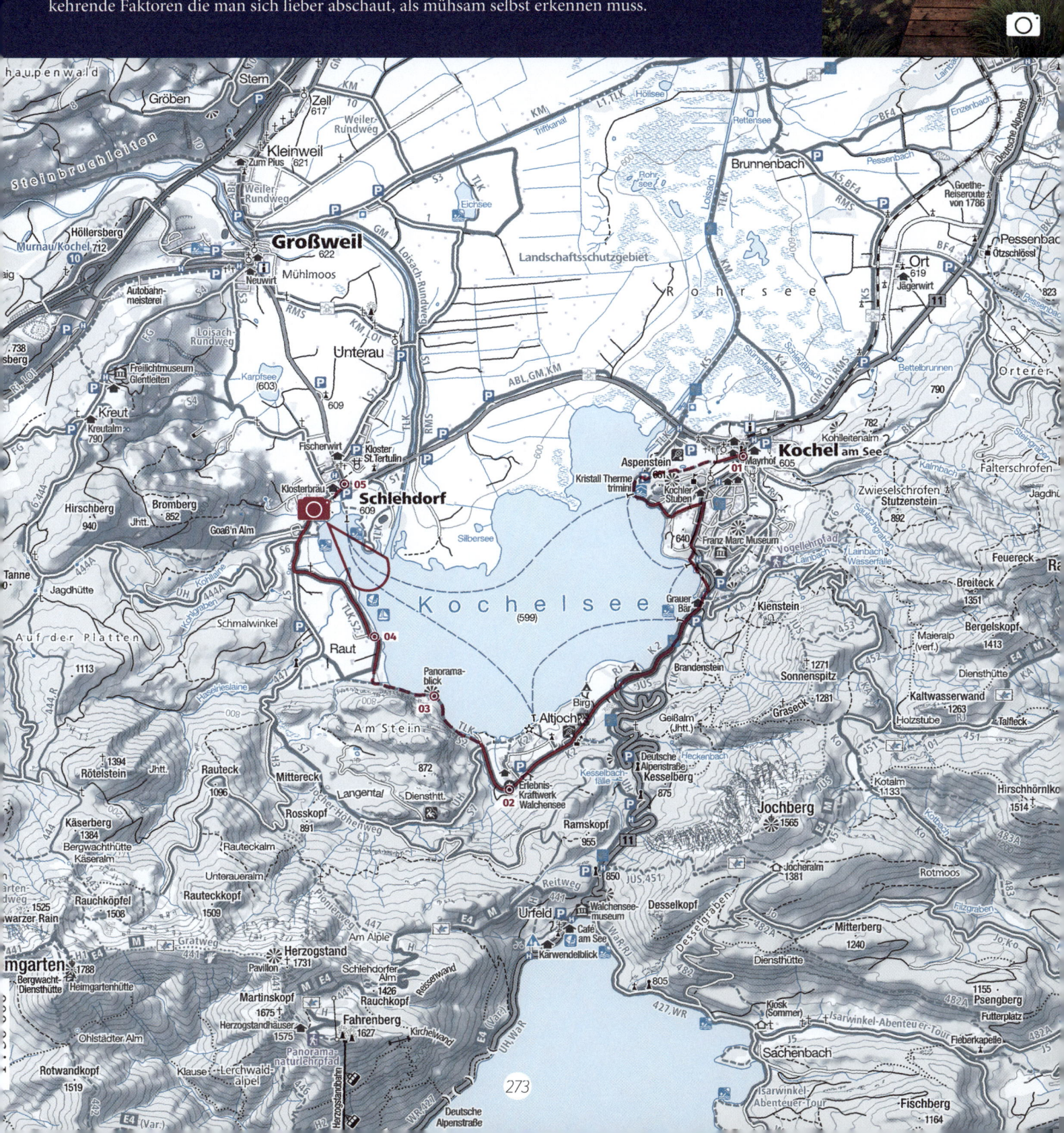

37 Weitwandern vertikal

Man könnte sich's ja leicht machen und mit der Seilbahn auf den höchsten Berg Deutschlands schweben. Man kann das Erlebnis Zugspitze aber auch ins XXL-Format ausdehnen und über das „Platt" hinaufwandern.

Bilder von: **Anna-Maria Kurz**
@annamariakurz

Durch das Reintal auf die Zugspitze 2962 m

Tourencharakter
Sehr lange, hochalpine Bergtour durch felsiges Karstgelände und über den ausgesetzten Südgrat der Zugspitze (mit Stahlseilen gesichert); sehr gute Kondition, Trittsicherheit und Schwindelfreiheit sind notwendig. Einkehren und übernachten kann man in der Reintalangerhütte, in der Knorrhütte und im Münchner Haus auf dem Gipfel.

Start und Ziel
Garmisch-Partenkirchen, kostenpflichtiger Parkplatz beim Olympia-Skistadion im Süden des Marktes, 725 m; Busverbindung vom Bahnhof.
Wer mit dem Mountainbike auf dem „Hohen Weg" über die Partnachalm bis zur Hinterklamm hinauffährt, erspart sich beim Aufstieg (und auch beim Abstieg) mehr als 1 Stunde Gehzeit. Und man kann vom Gipfel auch mit der Seilbahn bzw. mit der Zugspitzbahn hinunterfahren.

Schwierigkeit: leicht - mittel - **schwer**
Dauer: **17:00 h**
Länge: **42,3 km**
Aufstieg **2300 hm**
Abstieg **2300 hm**

Höhenlinienmodell mit Streckenverlauf

Höhenprofil

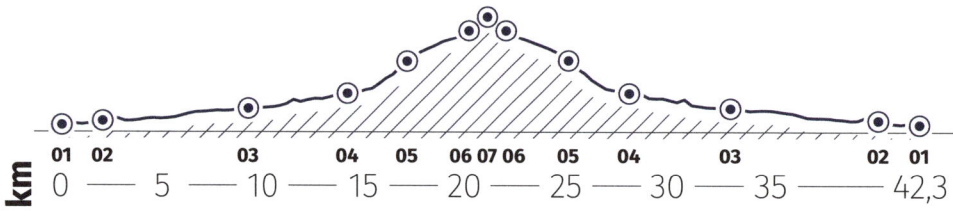

Von allen vorgestellten Routen ist die durch das Reintal und über das Zugspitzplatt auf die Zugspitze die längste. Die Entfernungen sind einfach gigantisch, und wenn man sich den Aufstieg etwas erleichtern will, fährt man die Etappe bis fast zur Reintalangerhütte mit dem Mountainbike auf. Trotzdem wird man die Tour an einem Tag nicht schaffen. Für den langen, mühsamen Weg wird man – gemessen an den übrigen Routen – mit etwas mehr Stille belohnt.

▶ Vom Skistadion **01** geht man auf der Straße nach Südwesten zum Elektrizitätswerk und zur Gaststätte Lenz'nhütte. Anschließend quert man die Partnach. Gleich hinter der Brücke biegen Mountainbikefahrer rechts ab und folgen dem steilen Fahrweg zur Partnachalm. Dahinter führt die Route über den Hohen Weg in mehrmaligem Auf und Ab durch Wald und in

einem weiten Bogen nach Südwesten. Bei der Verzweigung auf 1.020 m Höhe nach rechts, in den Antoniwald hinein, den Sulzgraben queren und nach Süden weiter. Bei der Abzweigung geradeaus und gleich darauf rechts zu einem Forsthaus. In der Wiese links halten, auf schmalen Fahrweg zur Bodenlaine hinab, dann wieder steil hinauf, in etlichen Kehren etwas abwärts und zum breiten Fahrweg im Reintal. Wer nicht mit dem Rad unterwegs ist, folgt der Route durch die eindrucksvolle Partnachklamm **02** und dann immer dem Weg an der Partnach entlang. Auf ihm gegen Süden zum Umschlagplatz für die Reintalangerhütte. Die Straße endet und ein guter Weg führt über der Hinterklamm gegen Süden weiter. Ein Stück weit führt er steil hinab, schmiegt sich auf einem Holzsteg an steile Hänge und stößt schließlich zur Partnach. Wir folgen dem Bachlauf, passieren die Bockhütte **03** und gehen gegen Westen

an den ehemaligen Blauen Gumpen vorbei, durch eine Reisse unter dem Hochblassen, zum Wasserfall und zur Reintalanger-hütte **04**.

Hinter der Hütte geht es noch etwas durch schütteren Wald, auf einem Steg über die Partnach, über einen weiten, grünen Boden und dann in grobes Blockwerk. Dort mündet auch eine gefähr-liche Lawinenreisse vom Gatterl herunter. Der markierte Steig schlängelt sich anschließend durch Buschwerk, wendet sich nach Nordwesten und wird ziemlich steil und felsig. Er windet sich neben eindrucksvollen Felswänden mühsam hinauf und gabelt sich. Der linke Wegast trägt die Bezeichnung Felsensteig, steigt gegen Westen, später Nordwesten an, führt am Veitels-brünnl vorbei und stößt schließlich zur Knorrhütte **05** **⃟**.

Oberhalb der Knorrhütte kommt man aufs Platt. Dort wird der Anstieg, der noch kurz nach Norden, später nach Westen hin-aufführt, ziemlich trist und monoton, bis er endlich nach stun-denlangem Trott, am SonnAlpin-Restaurant **06** vorbei, in einen

„Nicht der Berg ist es, den man bezwingt, sondern das eigene Ich."

Edmund Hillary (1919–2008)

Dein Moment für die Ewigkeit

RAW-Format

Damit der blau-violette Farbton der Dämmerung erhalten bleibt, ist der richtige Weißabgleich wichtig. In den meisten Situationen leistet der automatische Weißabgleich sehr gute Dienste. In schwierigen Lichtsituationen kann das danebengehen. Mit dem RAW-Format wird mehr Bildinformation gespeichert, so kannst du später bei der Bildbearbeitung noch den richten Weißabgleich setzen.

steilen, ungemütlichen Schutthang führt. Wir plagen uns durch das Geröll hinauf, kommen immer mehr in felsiges Gelände und halten uns bei Bedarf an den Drahtseilen fest. Schließlich wird der Wettersteingrat erreicht. Man folgt dem Grat gegen Nordosten bis zum Münchner Haus **07** hinauf. Von der meist gut besuchten Plattform geht man zum Gipfelsteig hinunter, auf einer Leiter hinauf, biegt rechts ab, und gleich darauf steht man auf dem höchsten Gipfel Deutschlands **08**.

Der Abstieg verläuft entlang der Aufstiegsroute.

38 Tüttenseekrater

Er ist fast kreisrund und so gibt es schon die eine oder andere
Legende, der Tüttensee sei durch einen Asteroid-Einschlag entstanden. Die Wahrheit liegt aber eher in der Geschichte seines
großen Nachbarn, dem Chiemsee. Gemeinsam sind sie vom
großen Chiemseegletscher gestaltet worden. Der Tüttensee ist
ein Toteiskessel, der beim Gletscherrückzug übrig blieb.

Bilder von: Thomas Kargl @maxlsbilderbuch

Tüttensee – Kleierweg

Tourencharakter
Eine ruhige Wanderung, oft auf schmalen, wenig befahrenen Teerstraßen, aber auch auf Feld-, Wald- und Wiesenwegen. Reich an traumhaften Landschaftsbildern. Festes Schuhwerk ist empfehlenswert.

Start und Ziel
Tüttensee, Parkplätze am See. Alternativ kann die Tour auch in Grabenstätt gestartet werden mit besserer Anbindung.

Schwierigkeit: **leicht** - mittel - schwer
Dauer: **3:00 h**
Länge: **10,8 km**
Aufstieg **114 hm**
Abstieg **114 hm**

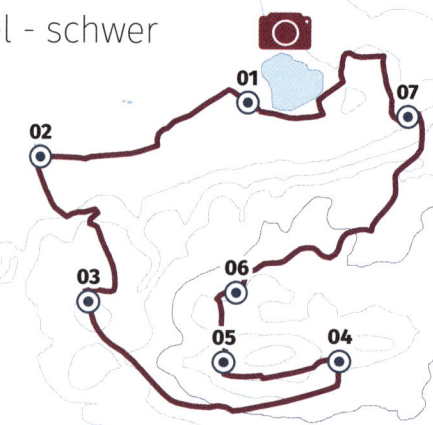

Höhenlinienmodell mit Streckenverlauf

Höhenprofil

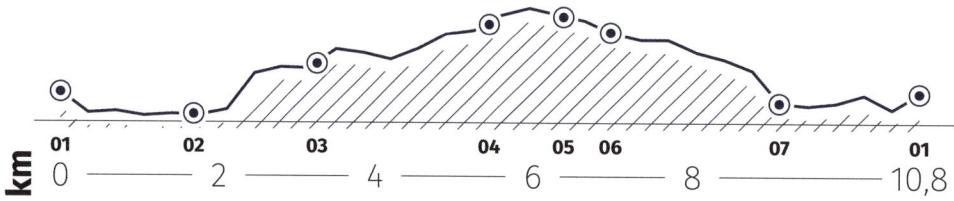

Weiter geht's nach links. Wir bleiben bis Holzhausen auf dieser Straße und richten uns immer wieder nach den Kleierweg-Wegweisern. So auch in Holzhausen **04**, wo wir von der Höringer Straße im spitzen Winkel nach links in die Schönblickstraße einbiegen.

Schnell lassen wir die Häuser hinter uns und wandern anfangs auf einem Feldweg, später bei Erreichen des Waldrands nach links auf einem Wiesenweg nach Westen. Wenn links unter uns Höring auftaucht, kommen wir wieder an ein Schild **05** des Kleierwegs und steigen jetzt wieder auf einem Weg nach rechts hinauf.

Oben angekommen wenden wir uns abermals nach rechts, um dann gleich nach unten in Richtung Zeiering zu gehen. Wir gehen durch den Ort und erreichen eine kleine Kapelle **06**, die über einen sehr schönen Innenraum verfügt.

▶ Wir gehen von den Parkplätzen **01** am Tüttensee weg auf einer Teerstraße in Richtung Südwest und treffen nach der Überquerung des Grabenstätter Mühlbachs auf die Verbindungsstraße, die von Vachendorf nach Grabenstätt führt.

Weiter geht es dann in Richtung Grabenstätt. So auch beim Erreichen der TS 3, bis wir an die links abzweigende Höringer Straße **02** kommen und auf ihr nach Unteraschau wandern. Bald kommen wir an die Oberaschauer Straße und folgen dem kleinen Wegweiser Kleierweg nach links.

Wir gewinnen an Höhe und erreichen schließlich wieder die Straße nach Höring. Hier genießen wir bereits den ersten Blick auf den Chiemsee **03**.

Eine Extrarunde um den kleinen See lohnt sich. Der Waldboden auf der nördlichen Seeseite wächst zum Teil über das Wasser und federt mit seinen Wurzeln wie ein Trampolin.

Wir wenden uns nach rechts und sehen bereits den Wegweiser nach Eckering. Nach den Anwesen erreichen wir die Straße nach Büchling **07**. Am Ende dieser Straße erkennen wir den Wegweiser zum Tüttensee und nach Grabenstätt. Also gehen wir kurz nach links, um gleich wieder nach rechts Richtung Tüttensee einzubiegen. Weiter geht es auf einem schönen Feldweg und nach einer weiteren Abzweigung nach links auf einem Wiesenweg. Er bringt uns nach unten zum Rundweg **◯** um den See und dieser zu den Parkplätzen **01**.

Spiegelung
Wähle bei einer Seespiegelung die Belichtung so, dass die hellen Bereiche (meist der Himmel am Horizont) nicht überbelichtet sind. Dadurch bekommst du ein intensives Blau. Mit einer offenen Blende erzeugst du zusätzlich eine durchgängige Schärfe.

39 Übersicht im Abendlicht

Wenn sich die Sonne hinter dem Hochgern zur Ruhe begibt, beginnt für diejenigen, die auf dem benachbarten Hochfelln gestiegen sind, eine Sternstunde. Allen anderen bleibt das Spektakel im Nebelgrau verborgen.

Bilder von: **Michael Perschl** @perschl_miche

Auf den Hochfelln   1674 m

Tourencharakter
Bergwanderung auf Forststraßen und Wald- bzw. Bergpfaden; der Anstieg von der Thorau-alm zum Gipfel ist sonnig und stellenweise recht steil und felsig.

Start und Ziel
Von Ruhpolding 3,5 km südwestlich zum Parkplatz bei der Staudigl Hütte, 700 m, nahe dem Freizeitpark (nach dem Schild „Vorderbrand" Parkplatz); auch Buszufahrt.

Schwierigkeit: leicht - **mittel** - schwer
Dauer: **5:15 h**
Länge: **12,9 km**
Aufstieg **974 hm**
Abstieg **974 hm**

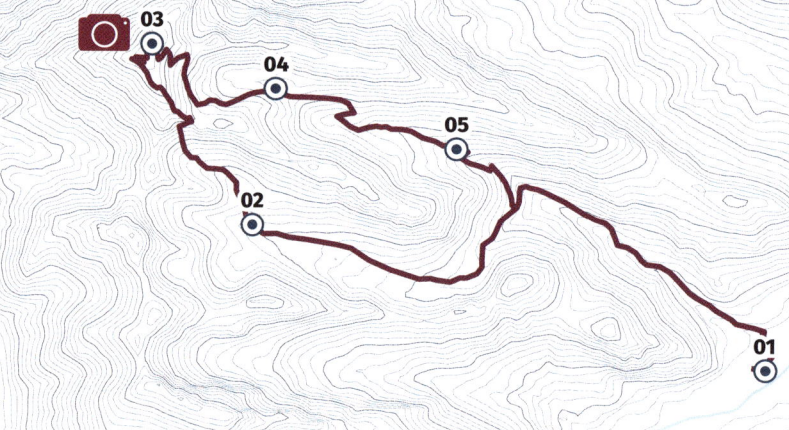

Höhenlinienmodell mit Streckenverlauf

Höhenprofil

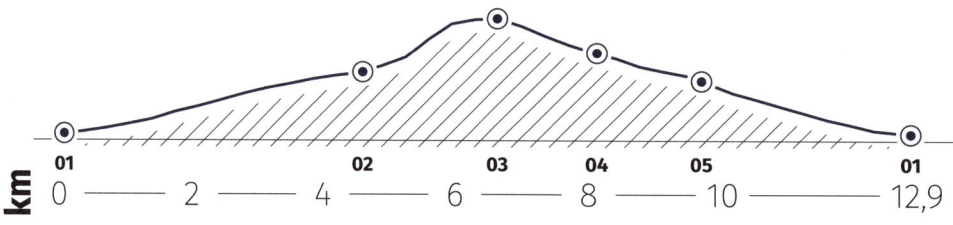

> „Nichts bringt uns auf unserem Weg besser voran
> als eine Pause."
>
> Elizabeth Barrett Browning, englische Dichterin (1806–1861)

▶ Weil der Parkplatz bei der Historischen Glockenschmiede für die Besucher reserviert ist, parken wir unterhalb bei der Staudigl Hütte **01**. Kurz auf der Teerstraße hoch (Schild), an der Glockenschmiede vorbei und auf einem bequemen, langsam ansteigenden Kiesweg am Bach entlang Richtung Thoraualm **02**. Unmittelbar nach den obersten Gebäuden setzt sich der Kiesweg als Bergpfad fort. Wir folgen hier dem deutlich sichtbaren Pfad, der nach rechts in das Tal hineinführt. Stets auf der rechten Seite haltend beginnt dieser bald anzusteigen und ein Steig bringt uns in steilen Serpentinen – teils über unangenehmen Schotter – schnell hoch. Dieses Steilstück verläuft ungeschützt in der Sonne und hinterlässt im Hochsommer seine Spuren. Man hält direkt auf die Felsen zu und gelangt so zu einem Grat, dem man nach rechts folgt.

Hier stößt man auf den Normalweg, der von links von Eschelmoos heraufführt. Rechts führt der Steig über gut begehbare Felsstufen weiter bis zu einer aussichtsreichen weiteren Wegverzweigung: Rechts nach Egg (über Farnbödenalm), links zum Hochfelln. Von hier aus ist der Hochfellngipfel ebenso gut zu sehen wie die Thoraualm und der gesamte Anstiegsweg. Durch recht steilen Latschenbewuchs, über Felsen und Wurzeln gelangt man wenig später in eine Art Sattel (hier zweigt der Weg mit der gelben Nr. 8 ins Weißachental/Bergen ab) und nur Minuten später hat man den gut erschlossenen Gipfel des Hochfelln **03** erreicht 📷.

Im Abstieg zurück auf dem Anstiegsweg bis zum Sattel und zum Schild Richtung Farnbödenalm. Zuerst links, aber kurz darauf den rechts abweichenden Pfadspuren nach unten folgen. Anfangs blasse, später deutlichere Markierungen. Skilift, Bergbahn und Bergstation werden links oben sichtbar, über den Nordosthang zieht auch der Normalweg herab, der unter dem Skilift hindurch auf unseren Abkürzungssteig stößt. Vor-

bei an der Fellnalm **04** gelangt man auf auf einem schönen Pfad zur nächsten Wegverzweigung.

Wir verlassen den E4, der nach Egg weiterführt, und folgen der Markierung 65 rechts via Farnböden/Glockenschmiede. Auf breitem Weg, bei feuchten Verhältnissen etwas sumpfig, passiert man kurz darauf die Farnbödenalm **05** und folgt weiter dem leicht fallenden Fahrweg. Bei markierter Stelle zweigt rechts ein Pfad ab, der auf der linken Seite des Baches hinabführt, bis man bei einem großen unbeschilderten Holzlagerplatz wieder auf den Anstiegsweg stößt. Nach gut 15 Minuten hat man dann wieder die Glockenschmiede erreicht, wo man bei wenig Wasserstand kurz oberhalb den Bachlauf überqueren kann und direkt von oben zur interessanten Hammerschmiede-Anlage gelangt. Von hier auf der Straße in wenigen Minuten zur Staudigl Hütte und zum Parkplatz **01**.

1 : 50.000

Dein Moment für die Ewigkeit

Üben, üben, üben…

Manchmal herrscht Zeitdruck für das perfekte Bild. Die Sonne geht nur einmal am Tag auf. Verpasst du es genau in dem Moment alle Einstellungen richtig gemacht zu haben, ist auch dein Wunschbild weg und du warst umsonst sehr früh wach. Deine Kamera und dein Equipment spielerisch zu beherrschen hilft dir, wenn es dann darauf ankommt.

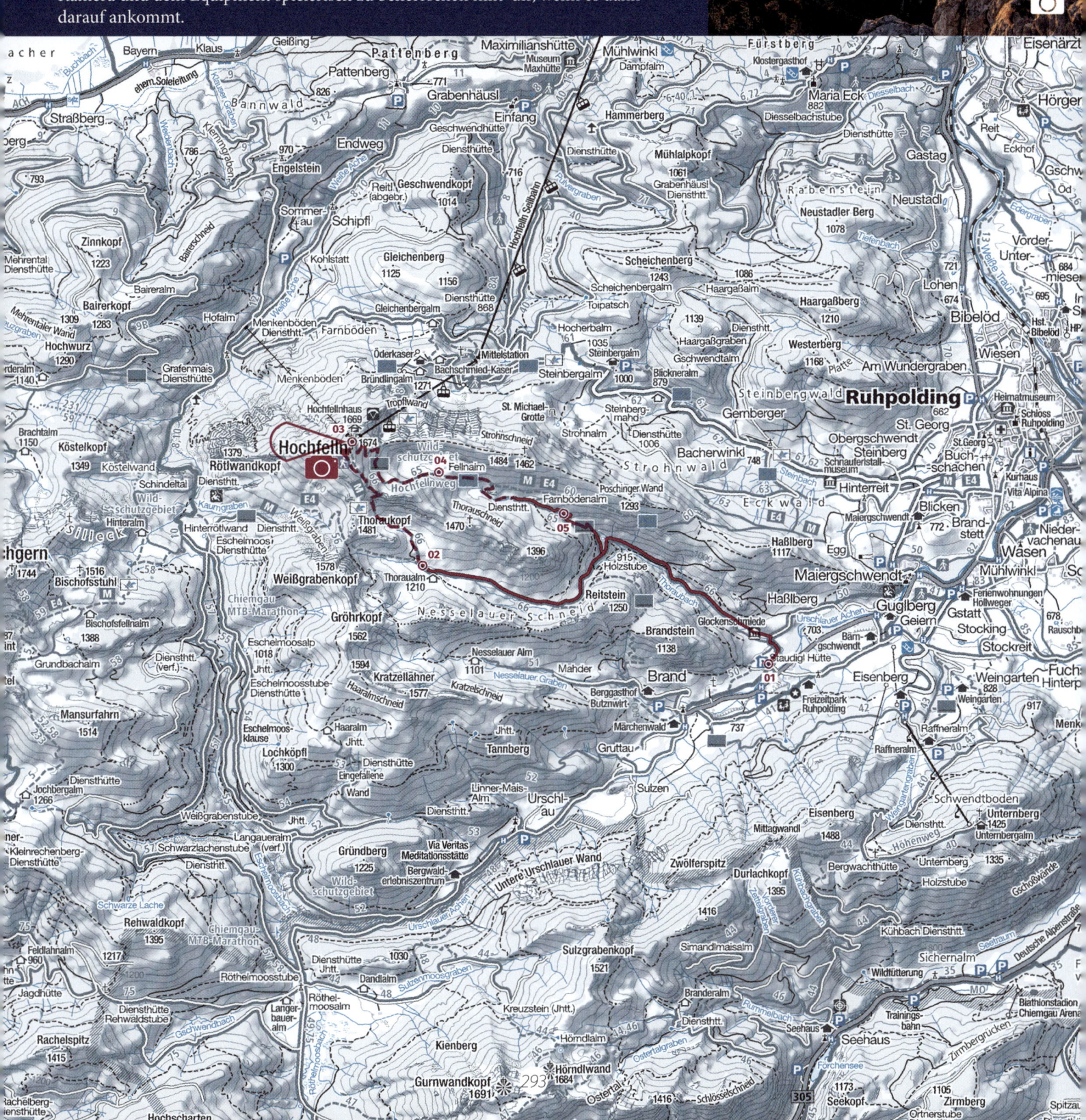

40 Der Weg zum Watzmann

Über der Falzalm tritt der Kleine Watzmann – der Sage nach Frau Watzmann – in Erscheinung. Bis hinauf zum Watzmannhaus muss noch 45 Minuten lang tüchtig geschnauft werden.

Bilder von: **Katharina Wildenhof**
                  @katharinawildenhof

Zum Watzmannhaus   1930 m

Tourencharakter
Unschwierige Hüttenwanderung auf Berg- und Almpfaden; der Alternativ-Abstieg über die
Kührointhütte verlangt Trittsicherheit am stellenweise gesicherten Falzsteig.

Start und Ziel
Ramsau bei Berchtesgaden, Parkplatz Wimbachbrücke, 650 m.

Schwierigkeit: leicht - **mittel** - schwer
Dauer: **6:30 h**
Länge: **14,7 km**
Aufstieg **1300 hm**
Abstieg **1300 hm**

Höhenlinienmodell mit Streckenverlauf

Höhenprofil

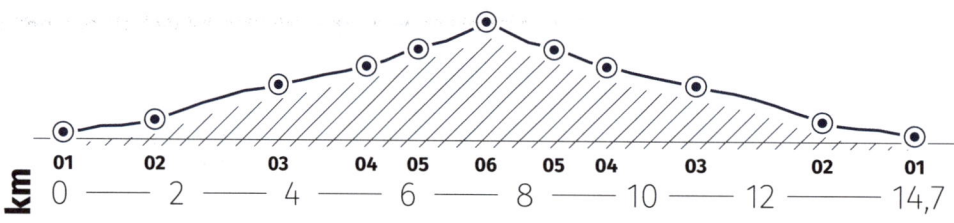

Der Watzmann ist das dominante Bergmassiv der Berchtesgadener Alpen und das Wahrzeichen des Berchtesgadener Landes.

www.berchtesgaden.de

Der Watzmann ist das im besten Wortsinn herausragende und sicherlich wohl auch bekannteste Symbol der Berchtesgadener Berge, ein Topziel für alle Bergsteiger. Aber auch Wanderer haben die Möglichkeit, diesem Koloss nahezukommen, denn das Watzmannhaus am Fuße dieses imposanten Massivs ist ein relativ einfach zu erreichendes Wanderziel. Nicht zuletzt deshalb darf man nicht davon ausgehen, dass der Hüttenanstieg zum Watzmannhaus eine einsame Angelegenheit ist. Wer übernachten will, sollte sich anmelden und sich auch rechtzeitig auf den Weg machen.

▶ Nach dem Start an der Wimbachbrücke **01** erleben wir gleich zu Beginn der Wanderung in der Wimbachklamm **02** den ersten Höhepunkt; der (gebührenpflichtige) kleine Umweg lohnt sich auf jeden Fall. Anschließend wandern wir leicht ansteigend in großen Kehren auf dem markierten Weg Nr. 441 zur Stubenalm **03** hinauf. Der Weg führt dann weiter über die Mitterkaseralm **04** und jetzt zunehmend steiler werdend zur Falzalm **05**.

Über die teilweise freien Hänge schlängelt sich der gut angelegte Steig deutlich steiler zum schon seit längerer Zeit sichtbaren Watzmannhaus **06** 🔴 hinauf. Das auf dem Falzköpfl platzierte Alpenvereinshaus ist ein äußerst aussichtsreicher Logenplatz mit beindruckender Aussicht.

Abstieg: Wer nicht übernachten und auch nicht den gleichen Weg zurückgehen will, hat ab der Falzalm eine attraktive, aber etwas längere und mehr Zeit beanspruchende Alternative. Über den anfangs felsigen und steilen Falzsteig (Nr. 442) – einige Drahtseilsicherungen sind im ersten Teil des Steigs angebracht –, erreichen wir zum Schluss gemütlich querend in gut 1 Stunde die bewirtschaftete Kührointhütte. Wenige Meter vor den Almgebäuden zweigt ein markierter Pfad links ab, quert zuerst den Fahrweg, der zur Kührointhütte führt, und verläuft dann auf diesem gemächlich abwärtsführend zur Schapbachalm. Dort folgen wir der nun sehr bequemen, teils etwas langweiligen Fahrstraße, halten uns dann aber links (in Richtung Ramsau ausgeschildert) und gelangen so wieder zur Wimbachbrücke **01** und zum Ausgangspunkt zurück.

1 · 50 000

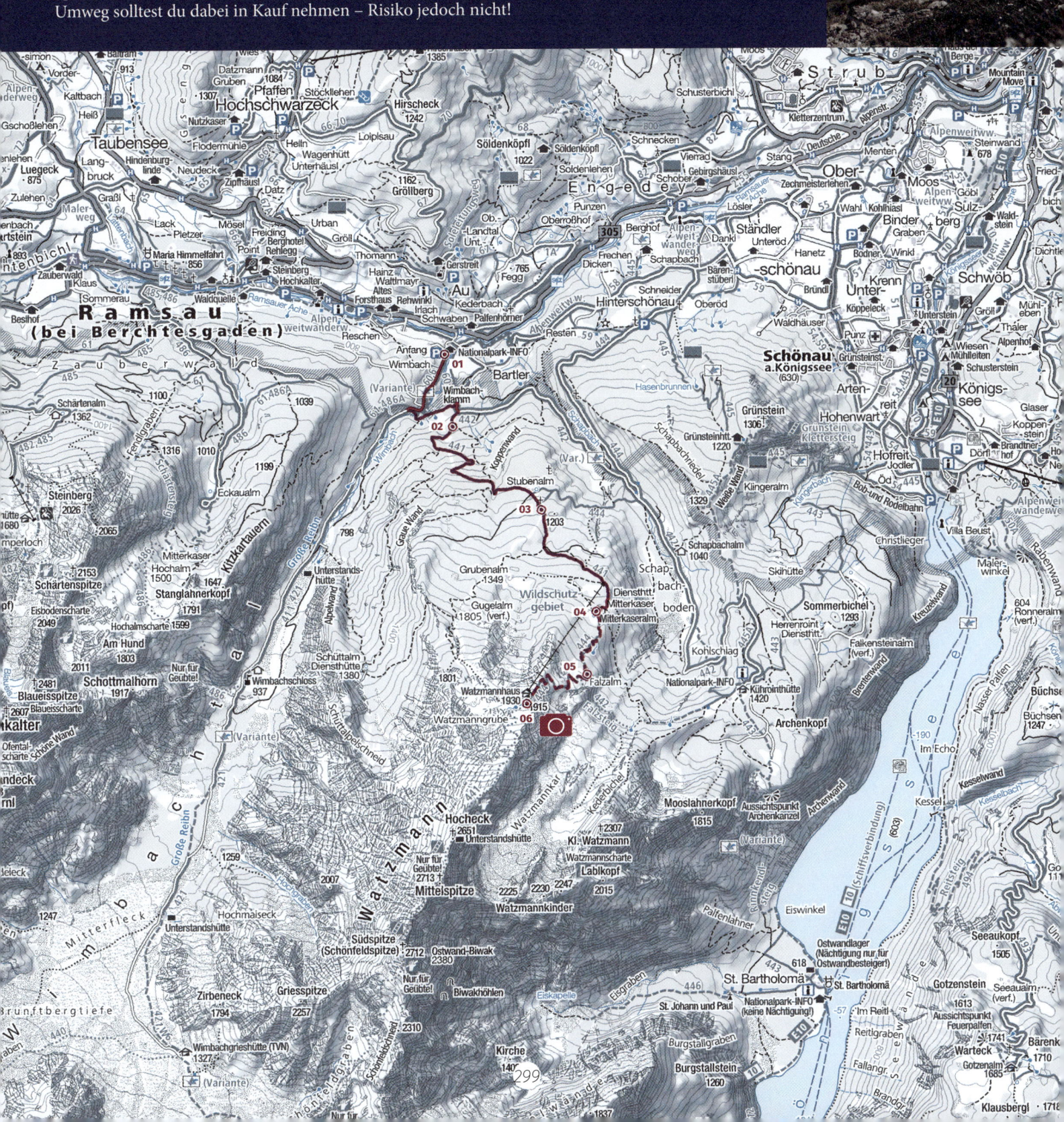

Dein Moment für die Ewigkeit

Gegenhang

Am Ziel angekommen? Von hier kannst du es selbst nicht gerade gut fotografieren. Sei beim Wandern und Fotografieren immer aufmerksam für Gegenhänge oder optimale Positionen, von denen du dein Motiv in Szene setzen kannst. Einen kleinen Umweg solltest du dabei in Kauf nehmen – Risiko jedoch nicht!

Wanderlexikon

Alles eine Frage des Verständnisses: Eine kurze Erklärung der wichtigsten Grundbegriffe rund ums Wandern und Bergsteigen.

Tourenplanung: Vor jeder Tour sollte eine ordentliche Tourenplanung gemacht werden. Dazu gehört den Wetterbericht zu prüfen, Informationen über den Zustand der Tour einzuholen (Gibt es Wegsperren?), eine zeitliche Planung zu erstellen (Aufbruch und Pausenzeiten) und die entsprechende Ausrüstung vorzubereiten.

Schwierigkeit: Die Einteilung erfolgt nach der Länge, der zu leistenden Höhenmeter und den technischen Ansprüchen der Tour.

Leicht: Einfache Wanderungen ohne besondere Anforderungen und nötige Vorkenntnisse.

Mittel: Wanderungen mit zum Teil steilen Anstiegen oder kurzen ausgesetzten Stellen. Schlüsselstellen und Schwierigkeiten werden im Tourencharakter beschrieben. Eine grundlegende Ausdauer und Wandererfahrung wird vorausgesetzt.

Schwer: Lange und anspruchsvolle Wanderungen oder Bergtouren. Die Tour kann über steile und ausgesetzte Pfade führen. Gute Kondition, Trittsicherheit und Schwindelfreiheit sind je nach Charakter der Tour erforderlich.

Leichte Kletterei: Schwindelfreiheit und feste Bergschuhe sind erforderlich. Diese Passagen sind nur unter Zuhilfenahme der Hände zu bewerkstelligen.

Seilversichert: Schlüsselstellen sind mit (zumeist) verankerten Stahlseilen gesichert.

Markierter Wanderweg: Ausgeschilderter und zumeist nummerierter Wanderweg. Die Wegenummern werden in der Tourenbeschreibung und in der Karte aufgegriffen.

Variante: Vorschlag die Tour zu erweitern oder ein alternativer Routenverlauf.

Weiter wandern

Auf den Geschmack gekommen? Deutschland bietet ein wahres Füllhorn attraktiver Spaziergänge, Wanderungen und Bergtouren. Hier findest du nützliche Infos und Adressen.

Die Reihe „Dein Augenblick" gibt es auch als regionalen Wanderführer.

Italien
Dein Augenblick Gardasee
Dein Augenblick Südtirol – Dolomiten

Österreich
Dein Augenblick Tirol
Dein Augenblick Salzkammergut

Deutschland
Dein Augenblick Allgäu
Dein Augenblick Bayerische Alpen
Dein Augenblick München und Umgebung
Dein Augenblick Schwarzwald
Dein Augenblick Sächsische Schweiz
Dein Augenblick Eifel
Dein Augenblick Harz

Die passende Wanderkarte für deine nächste Tour findest du ebenfalls bei KOMPASS unter *www.kompass.de/produkte* oder in deiner Buchhandlung um die Ecke.

Gefahren in den Bergen und in der Natur
Im felsigen und (hoch-)alpinen Gelände ist stets auf die Gefahr durch Steinschlag zu achten. Bis in den Sommer hinein bedeuten steile Schneefelder oder Firnrinnen akute Absturz- und damit Lebensgefahr. Steigeisen und Pickel mitnehmen – oder umdrehen! Aufgrund der Klimakrise kommt es immer öfter zu schweren Unwettern mit Blitzschlag, Hagel, umstürzenden Bäumen, Muren und Hochwasser auch bei kleinen Bächen. Aufgrund von Unwetterschäden, aber auch durch Forstarbeit oder Baumaßnahmen können einzelne Wegabschnitte zeitweise und auch ganz kurzfristig nur erschwert oder gar nicht passierbar sein. Aktuelle Infos in den Tourismus-Infobüros.

Deine Orientierung

Für das Navigationsgerät deiner Wahl haben wir alle Touren als GPX-Track zum Download.

Du planst und navigierst lieber digital? Dafür haben wir alle Touren auf unserer Webseite für dich.

www.kompass.de/gpx-daten

Damit kommst du direkt zum Download-Bereich. Einfach das richtige Produkt auswählen, herunterladen und auf das Zielgerät oder in die gewünschte App importieren.

GPX-Track GPX ist ein Datenformat für Geodaten. Mit einem GPX-Track bekommst du die rote Linie, also den Pfad, als geografische Koordinaten.

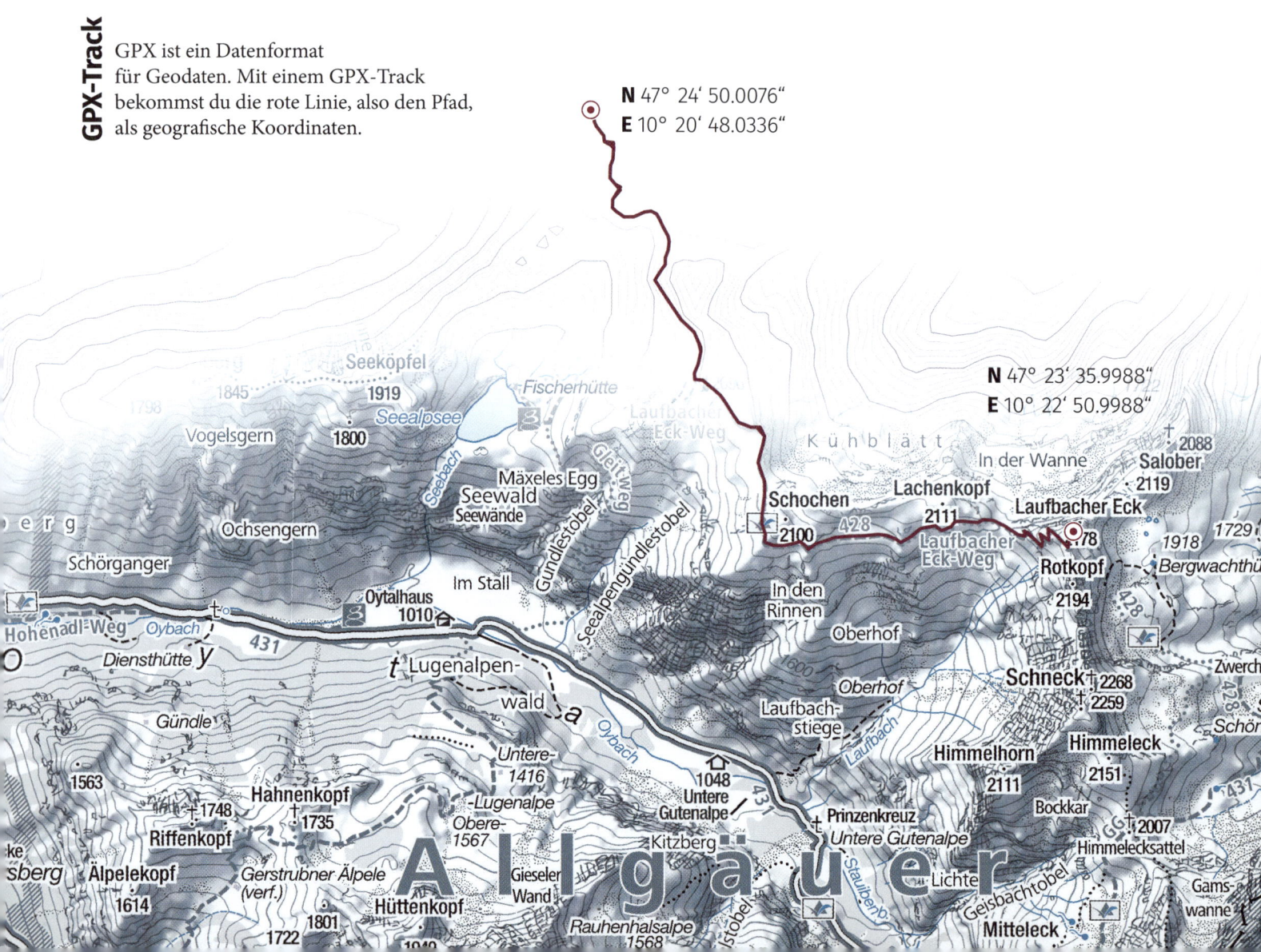

Impressum

© KOMPASS-Karten GmbH, Karl-Kapferer-Straße 5, A-6020 Innsbruck
1. Auflage 2022 (22.01)   Verlagsnummer 1690   ISBN 978-3-99121-288-1

Konzept und Bildnachweis

Konzept und Projektleitung:
Thomas Kargl (KOMPASS-Karten)
Karten, Text und Fotos (soweit nicht anders angegeben): KOMPASS-Karten
OpenStreetMap© und OpenStreetMap Foundation als Kartengrundlage für die
Seiten: 18–19, 20–21,
Titelbild: In der Sächsischen Schweiz von Sebastian Weingart
Buchrückseite: Badeplatz Schöllkopf
Grafische Herstellung: KOMPASS-Karten

Bildnachweis aufgelistet mit der Seitenzahl nach Fotografen:
Alle Highlightbilder sind auf der Tourenübersicht (Seiten 12-18) nocheinmal dargestellt.
Sebastian Weingart: 25 links, 36–37, 118–125, 132–139; Thomas Kargl: 1, 25 rechts, 34, 282–287, 303; Gregor Essi: 24 links, 38–39, 56–73; Michael Corona: 24 rechts, 232–243; Bernd Meissner: 50–55, 74–81; Jan Junghans: 82–87; Nico Kaiser: 88–93, 262–267; Katrin Schmidt: 94–99, 300–301 mittig; Isabel M.: 100–105, 112–117; Fabian Pfitzinger: 106–111; Eric Friese: 126–131; Anne Köhler:140–145, 188–193; Janis Wieczorek: 146–157; Annemarie Dunkel: 158–163; Maren Hildebrand: 164–169; Lisa Gehring: 170–175; Daniel Wirtz: 176–181; Martin & Jonas Hübner: 182–187, Tayisiya Yerygina: 194–199, Marc Wesel: 2–3, 200–205, 300 links; Christoph Zeug: 206–211; Dominik Schmidhuber: 212–225; Johannes Nickel: 226–231; Thomas Hennerbichler: 244–249; Fabian Künzel: 27, 28, 250–255; Tobias Nußmann: 256–261; Mario Dobelmann: 42–43, 268–272; Anna–Maria Kurz: 274–281; Michael Perschl: 288–293, 301 rechts; Katharina Wildenhof: 46–47, 294–299; Simeon Kraeft: 4–5; Daniel Meisen: 31; Max Reichenbach: 40–41; Benjamin Troll: 44/45; Sabrina von Bein: Buchrückseite, 33

Alle Angaben und Routenbeschreibungen wurden nach bestem Wissen gemäß unserer derzeitigen Informationslage gemacht. Die Wanderungen wurden sehr sorgfältig ausgewählt und beschrieben, Schwierigkeiten werden im Text kurz angegeben. Es können jedoch Änderungen an Wegen und im aktuellen Naturzustand eintreten. Wanderer und alle Kartenbenützer müssen darauf achten, dass aufgrund ständiger Veränderungen die Wegzustände bezüglich Begehbarkeit sich nicht mit den Angaben in der Karte decken müssen. Bei der großen Fülle des bearbeiteten Materials sind daher vereinzelte Fehler und Unstimmigkeiten nicht vermeidbar. Die Verwendung dieses Führers erfolgt ausschließlich auf eigenes Risiko und auf eigene Gefahr, somit eigenverantwortlich. Eine Haftung für etwaige Unfälle oder Schäden jeder Art wird daher nicht übernommen. Für Berichtigungen und Verbesserungsvorschläge ist die Redaktion stets dankbar.

Erzähl uns von deinen Abenteuern auf Instagram und Facebook mit:

#folgedeinemKOMPASS

*#folgedeinem***KOMPASS**

KOMPASS